海国图志

大理大学法学院战争法研究中心主办

罗马与耶路撒冷

Rome and Jerusalem

［德］摩西·赫斯 著　　杨之涵 译
（Moses Hess）

上海三联书店

目 录

中译本序言

林国基

　　《罗马与耶路撒冷》这本"永恒之书"即将与中文读者见面,译者
嘱咐我写个序言,推脱再三,无果。这倒把我给难住了,因为本书已
有多个序言,再增加一个似乎有画蛇添足之嫌。再者,关于犹太人,
前人已堆砌过无数的陈词滥调,或妖魔化,或神圣化(二战后),壁垒
森严,彼此势如水火,以致于关于这个主题的讨论似乎已变得不可
能,甚至是个禁忌。任何试图打破既有认知范式的论述都会是一种
巨大的冒险。但塞壬之歌已经升起,时而舒缓,时而高亢,挥之不去。

　　本书的作者是个双头鹰式的存在,他的思考和著述强有力地影
响和支配了犹太人的现代命运以及所谓的"犹太人问题"的路径选
择。所谓的"犹太人问题"(Jewish problem),其实质是,在封闭、保守
的"隔都"(Ghetto)里,那个以特殊的犹太律法生活了千年之久的"上
帝选民",如何融入由法国大革命以及拿破仑大军启蒙和传播开来的
现代民族国家的生活方式,或者说,"隔都"里的"天选之民"如何跌落
凡尘,与这个开放的世俗世界相处。犹太人自身曾经提供过三种解
决方案,除了由著名的门德尔松犹太家族所垂范的"融入"方案,本文
作者提供了另外两种方案,均产生了巨大的历史影响和国际震荡,有
的至今还在持续回响,没有停止的迹象,如本书所努力宣扬的犹太复

国主义。然而,犹太复国主义演变至今,似乎早已开始脱离了其最初设计者的愿景和国际支持者如英国首相贝尔福们的期望,即在巴勒斯坦地区建立一个"自由、民主的民族家园"(《贝尔福宣言》),而日益具有某种极右翼特质,这与其成文圣典即希伯来圣经《托拉》倒是遥相呼应,其中,种族清洗的圣战狂热,"大地与血"的末世论鼓噪,随处可见,不绝于耳。

两千年前,当这些经文开始编纂时,其字里行间所喷涌而出的极端主义思想一定能让整个世界惊掉下巴,只是由于手抄本极为稀罕,传播范围有限,才没有引起巨大的轰动。尽管如此,犹太拉比与古希腊、古罗马哲人之间的争吵和谩骂仍然火药味儿十足,相互之间的恶意让人不寒而栗。另外,天主教会的"通三统"又使这部经文不得不以基督教的所谓的属灵恩典以及耶稣式的和平主义滤镜来透视,即灵意解经法,这使得那部比例大得失去了平衡感与和谐感的犹太人的"旧约"发生了极大的变形和美化,显得不再危险、疯狂和邪恶。如今,我们已经见识过了各种各样的极端主义,政治的,宗教的,但深究起来,不得不说,希伯来圣经即天主教会"通三统"后的《旧约》,才是后世几乎所有极端主义的渊薮和滥觞。具体到犹太复国主义,这种极右翼意识形态到底会将世界引向何方,尚难看清。但犹太人特有的对这个世界(Being)的怨恨、对"异教徒"的复仇欲,以及不惜"推倒重来"也要建立某种"新天新地"的"历史安息日"的末世论激情,倒是深深地植根于其希伯来圣典传统和犹太民族的灵魂深处。

追根究底,犹太文明是一种失败者的文明,且是极其特殊的一种类型。这个自诩为"上帝选民"(chosen people)的民族,历经一系列军事上的失败和民族政治体的沦丧,成了一个根基被抽空的"无根"之民,他们也将这种"无根性"的生活经验、道德义愤和复仇欲施之于这个世界。他们时而自我厌憎，时而自大自义，经常表现出某种极端仇外、排外和自恋的唯意志论激情。比如，以神的名义发动战争，大肆杀戮，即圣战（holy war），就是犹太人的发明。这清晰无误地大量记载于《托拉》的经文里（Gerhard von Rad，*Holy War in Ancient Israel*，Wm. B. Eerdmans Publishing Co.，1991）。或许正是在此意义上，犹太教被德国思想家马克斯·韦伯（Max Weber）定义为一种特殊的"贱民"宗教（马克斯·韦伯：《论犹太教》），其特征是：自大、排外、疏离于外部世界。

犹太文明是人类文明肌体上的一道巨大的、深刻的、美丽的伤痕，当它崩裂时，经常爆发出惊人的能量，真理与谬误并存，善与恶兼具，强烈地激荡和搅扰着这个星球。当贝尔福首相提出在中东地区建立一个犹太人的民族家园的构想时，美国的海权之父马汉甚至欣喜地展望道：国际纷乱之源似乎终于得以安抚，世界和平似乎有望了（马汉：《亚洲问题及其对国际政治的影响》）。问题是，将他们以"民族国家"之名圈禁在中东那个弹丸之地，就能抚平其历史有机体的创伤以及对于这个世界的复仇欲、征服欲和毁灭欲吗？马汉显然是天真得过了头。

20 世纪初，在各种机缘的有力加持下，流浪世界各地的犹太人陆续回归"故土"，在奥斯曼帝国的僵尸上硬生生分割、占有并建立了一个属于犹太族群的"民族家园"。这群长期脱离故土、状若幽灵的曾经的"安泰"们，一旦在中东地区获得了一片立足之地，曾经只是跃动在其经文里的"大地与血"的脉动，重新在其政治领袖和民众中复活，并决意付诸实践。这群人的心智似乎永远固化在二千年前的时而辉煌、时而悲情的历史轮回里不能自拔：大卫王的武功，所罗门帝国的盛景，示巴（今也门地区）女王等万国来朝的风骚，第一圣殿和第二圣殿的落败。但实际情形是,以色列官方所大力推动和资助的所谓的"《圣经》考古学"的专家们,虽然已经挖遍了中东的各个角落,还是没有发现所谓的"大卫王"、"所罗门王"以及"所罗门王宫"等的蛛丝马迹。其中的很多内容似乎都是历史虚构,民族神话(见特拉维夫大学著名考古学家 Israel Finkelstein, Neil Asher Silberman, *The Bible Unearthed*, Free Press, 2001)。就连先知摩西,似乎也是个埃及人(见弗洛伊德:《摩西与一神教》)。但这并不影响他们将《托拉》视为其神圣的"地契"在联合国公开展示。这似乎只有一个理由,据说,《托拉》是其上帝的话语,他们的先知听到过上帝的话语,他们的上帝借助他们的先知告诉他们,他们是上帝的选民。他们深信不疑。但对那些听觉没有那么发达、相信眼见为实的民族而言,这实在是匪夷所思,不可理喻。

当一个瞎子偶遇一个聋子,两者将会碰撞出什么神奇的喜剧火花? 这会非常有趣。

2025 年 3 月 30 日

中译者导言
从社会主义到犹太复国主义

——摩西·赫斯的思想嬗变

自法国大革命爆发以来，民族主义的洪流就日益席卷整个世界，传统中世纪的那种多元性、多层次和多中心的网状式封建性政治结构日益走向衰亡，一元性、单层次和独中心的民族国家开始逐步地成型和发展。各个民族都在积极构建自己的民族国家，民族主义日渐成为一股不可阻挡的洪流，最终走上了世界舞台的中央。在这股民族主义洪流中，犹太民族主义也不可避免地卷入其中，成为近代以来民族主义洪流的重要组成部分。然而，由于世界历史的原因和犹太人问题的特殊性，①犹太民族主义问题格外地引人注目。

在犹太民族主义问题或者犹太复国主义问题上，②摩西·赫斯无

---

① 在民族主义问题上，犹太人的特殊性首先表现在犹太人没有自己的土地。在其他国家，它们只有如何清除旧有的封建结构和构建自己的民族国家的问题。然而，由于自公元前 722 年北国以色列王国和公元前 586 年南国犹大王国灭亡以来——它们由此分别产生了所谓的著名的"亚述之囚"（Assyrian Exile）和"巴比伦之囚"（Babylonian Exile）——犹太人就大批地散居在世界各地；因此，犹太人在构建自己的民族国家时，他们首先要面对的是领土问题，也即是犹太复国的问题。

② 犹太复国主义的英文单词是 Zionism，Zionism（犹太复国主义）是由 Zion（中译作"锡安山"）一词衍生而来的，Zion 是耶路撒冷的一座山的名称。希伯来先知们把它当作耶路撒冷城的精神象征与别称，它代表了流散在世界各地的犹太人对故（转下页）

疑占据非常重要的地位,用马丁·布伯(Martin Buber)的话来说:"他不是犹太复国主义运动(Zionist Movement)的'先驱'(precursor),相反,他是犹太复国主义运动的创始人(initiator)。"①

一、 赫斯的生平与时代

1812 年 1 月 21 日,赫斯出生在德国莱茵河畔波恩市一个富有的犹太商人家庭。由于商业上的原因,赫斯的父亲在赫斯五岁时就离开了波恩前往了科隆,幼小的赫斯就留给了赫斯的祖父抚养和教育,直到十四岁时,赫斯才前往到了位于科隆的父亲那里。从中我们可以非常清楚地看到赫斯出生及成长的时代(十九世纪初期)、地方(波恩②)、阶级(资产阶级)和犹太身份(犹太人出身)。

从时代上而言,赫斯出生和成长于 19 世纪初叶,在这个时期,法国大革命的余波仍然在滚滚向前,法国大革命,尤其是拿破仑对欧洲各国的征服战争,把启蒙思想的众多果实也带到了法国以及拿破仑所征服的这些地区。因此,这些地区的犹太人深深地受惠于法国大革命和拿破仑战争,后者实现了犹太人一直以来所梦寐以求的身份自由权和平等公民权。犹太人一直以来所受到的歧视和压迫被清除了,犹太人第一次品尝到了平等和自由的甘甜,这无疑让犹太人欣喜

(接上页)土耶路撒冷的怀念之情与回归之愿。与其他所有民族构建自己的民族国家不同,由于犹太人人没有自己的领土,因此,犹太民族主义在很大程度上就表现在回归故土和在故土建立一个犹太人的国家。虽然犹太民族主义与犹太复国主义并不完全等同,但是,它们两者在很大程度上仍然是重合的,甚至是同一的。

① Moses Hess, *Rome and Jerusalem*, translated by Rabbi Maurice J. Bloom, New York: Philosophical Library, 1958, p. 5.

② 波恩位于莱茵河畔的莱茵兰地区,卡尔·马克思的出生地特里尔城也位于这个地区,这个地区深受法国大革命和拿破仑战争的影响。

若狂。然而，由于拿破仑的战败和波旁王朝的复辟，启蒙的果实很快就受到了严重的践踏，作为这些果实的重要组成部分，犹太人所取得的身份自由权和平等公民权自然也必然随着拿破仑的战败和欧洲各国君主的复辟而丧失，万分艰难地获得解放的犹太人就这样得而复失，他们再次跌入了灾难的深渊，这让犹太人感到了巨大的痛苦。然而，尽管这个时期欧洲的各君主国已经联合起来共同绞杀大革命所结出的种种"果实"，但是，法国大革命的果实已经播洒下了自己的种子，这些种子已经在法国大革命所波及的地方，尤其在法国所统治的那些地方慢慢地发芽生长。

　　赫斯的出生地波恩就是这些种子生根发芽的绝佳之地。赫斯出生在莱茵河畔的莱茵兰地区波恩，并一直在那里度过了自己最初的童年，尽管在1825年由于母亲的不幸去世，十四岁的赫斯来到了位于科隆的父亲身边，但是，他在波恩所度过的童年给他的生命烙上了深刻的印记。在拿破仑战争时期，莱茵河畔的波恩划归给了法国，在1795年到1814年的近二十年时间里，波恩一直都在法国人的统治之下，并按照法国大革命的基本原则进行管理。因此，犹太聚集区的大门一下子便四面敞开，犹太居民在遭受了数百年的歧视和压迫后终于重见天日。人身自由、经济机会、世俗知识和自由主义观念，对于刚获得解放的犹太人的孩子，其作用就像是上头的烈酒；在足够长的时间内，它都浸润在言论自由和立宪自由的氛围中，这种氛围是德国其他任何地方都没有的。[1] 然而，"当1815年拿破仑终于战败后，莱茵兰又被并入普鲁士，国王腓特烈·威廉三世试图走回头路，重新实

---

[1] 参见戴维·麦克莱伦：《马克思传》，王珍译，中国人民大学出版社2010年版，第3页；以赛亚·伯林：《反潮流：观念史论文集》，"赫斯的生平与观点"，冯克利译，译林出版社2011年版，第255页。

施了大多数限制其国内犹太人的原有的法律,这在刚刚获得解放的犹太人中间造成了一场危机。"①对于这场危机,"他们中间的一些人,②一想到要回到过去卑贱的地位,就感到无法忍受,于是怀着不同程度的真诚信念皈依了基督教。"③因此,一些犹太人就这样成为了改教的基督徒,卡尔·马克思的父亲亨利希·马克思就属于这种犹太人。然而,一些犹太人却做出了与这些人完全相反的选择,他们更加狂热地信奉自己古老的宗教,赫斯家族就是如此。④ 对于这些深受法国大革命影响的德意志地区,它们已经沐浴了法国大革命的精神洗礼,生活在其间的知识分子,尤其是犹太知识分子已经不可能原封不动地回到以前的生活了,这些人的行为模式都逃不开法国大革命的藩篱。虽然现在复辟势力卷土重来,但是,种子已经种下,只要种子不死,就无虑花果凋零。

从民族身份而言,赫斯是一名犹太人。犹太人的身份是赫斯最显眼的身份标志。赫斯自身的思想与自己作为犹太人的身份息息相关。与马克思所不同的是,赫斯终生都没有否认自己的犹太人身份;他也没有像那些犹太启蒙知识分子那样对自己的犹太身份感到耻辱

---

① 以赛亚·伯林:《反潮流:观念史论文集》,冯克利译,译林出版社 2011 年版,第 255 页。

② 卡尔·马克思的父亲海因里希·马克思、法学家爱德华·甘斯、路德维希·斯塔尔和哲学家摩西·门德尔松的儿子等等,都是其中最著名的改宗基督教的犹太人。参见以赛亚·伯林:《反潮流:观念史论文集》,冯克利译,译林出版社 2011 年版,第 255 页。同时参见 Ken Koltun-Fromm, *Moses Hess and Modern Jewish Identity*, Bloomington: Indiana University Press, 2001, p. 3; Shlomo Avineri, *Moses Hess: Prophet of Communism and Zionism*, New York: New York University Press, 1985, pp. 5 - 6.

③ 以赛亚·伯林:《反潮流:观念史论文集》,冯克利译,译林出版社 2011 年版,第 255 页。

④ 参见以赛亚·伯林:《反潮流:观念史论文集》,冯克利译,译林出版社 2011 年版,第 255 页。

或者对自己的犹太身份弃之而后快。与其相反,赫斯对自己的犹太
宗教和犹太身份倍感光荣和骄傲。正是对自己的犹太身份的坚持和
骄傲,赫斯最终写就了《罗马与耶路撒冷》一书,也成就了其在犹太复
国主义史上的重要地位。

　　赫斯的祖父对赫斯思想的形成具有至关重要的影响。由于商业
的需要,赫斯的父亲在赫斯五岁时离开了波恩去往到了科隆,当时赫
斯只有五岁,幼小的赫斯就这样留给了自己的祖父教育,而信仰虔敬
的祖父则为赫斯提供了传统的犹太教育,向他系统地传授了《希伯来
圣经》和《塔木德》等方面的犹太知识,这些知识为赫斯奠定了一生的
基础。毋庸置疑,早年的这种教育给赫斯留下了不可磨灭的印记,赫
斯的祖父对小赫斯影响深远,以至于在将近半个世纪后,赫斯仍然对
自己的祖父念念不忘,在《罗马与耶路撒冷》的第四封信中,他感人肺
腑地这样回忆起这位老人:"我的祖父是一位备受尊敬的学者,尽管
他没有用《托拉》当作自己的维生之道,但是,他拥有拉比的头衔和知
识。每天晚上,在结束了自己白天的日常工作后,他就开始研究起
《塔木德》直到深夜……他会给自己的小孙子读犹太人从耶路撒冷流
放的故事,一直持续到午夜。这位长着花白胡子的老人在阅读的时
候眼含泪水;我们这些小孩子也止不住流泪和哭泣。"赫斯的祖父对
犹太人的故土巴勒斯坦极为热爱,赫斯的祖父有一次向小赫斯展示
了一些橄榄和枣椰,并满脸自豪地告诉他说:"这些水果都是在以色
列的土地上(Eretz Israel)培育出来的!"巴勒斯坦的所有事物都被虔
敬的犹太人视为珍宝,它们就好像是祖先的房子里所遗留下来的神
圣遗物一样。一个广为人知的习俗是,在大流散(Diaspora)时期去世
的所有犹太人都要从巴勒斯坦掘取一块泥土到他的坟前。否则,死
者将得不到安息,因为,只有在圣地的泥土下才能得到安息和复

活。① 这种对犹太故土的热爱显然传递给幼小的赫斯,给幼小的赫斯埋下了犹太生命的种子,以至于最终在后来的赫斯身上生根发芽。如果没有祖父所传递的这种对犹太故土和犹太民族的热爱,很难想象赫斯会最终转向犹太复国主义运动。

二、 赫斯的社会主义思想

摩西·赫斯是德国社会主义之父,对整个社会主义运动和共产主义运动具有重要贡献,同时,赫斯也是马克思与恩格斯相识的中间人,正因为赫斯的这种桥梁作用,马克思与恩格斯之间的伟大革命友谊才得以开启。赫斯是马克思交往的第一位社会主义者,赫斯同时也对马克思评价极高,1841 年 9 月初,赫斯在给自己的朋友奥尔巴赫去信,在信中赫斯称马克思是最伟大的、也许是现今在世的唯一一位真正的哲学家。② 除此之外,赫斯对马克思的早期思想也产生了非常巨大的影响。但是,由于种种原因,赫斯的这种作用迟迟没有得到承认或者认识。随着时间的推移和研究的深入,赫斯的这种巨大作用逐渐地浮出水面和得以被大家所认识,以至于"人们开始有意识地强调了赫斯对马克思的正面影响,从欧洲大陆到日本和中国,都出现了一场堪称'回到赫斯'的思想运动";③甚至现在大部分学者都用"引路人"、"大前辈"、"先锋"等称谓来肯定赫斯对马克思早期思想的影

---

① Moses Hess, *Rome and Jerusalem*, "Fourth Letter", translated by Rabbi Maurice J. Bloom, pp. 27 - 28.

② 以赛亚·伯林:《反潮流:观念史论文集》,冯克利译,译林出版社 2011 年版,第 270 页。

③ 韩立新:《我们是否真的需要"回到赫斯"——赫斯和马克思的关系研究回顾史》,《哲学动态》2011 年第 3 期。

响，①认为赫斯是"马克思之前的马克思主义者"。② 一般认为，赫斯
至少在四个方面影响甚至引领了马克思：一是走向共产主义；二是
接受并运用费尔巴哈的哲学；三是超越费尔巴哈；四是运用古典经
济学。③

　　从阶级的出身而言，赫斯出生在一个富有的商人家庭，家境殷
实，赫斯从小也没有受到因为家境困窘与金钱短缺而招致物质匮乏
问题的困扰，这与出身于无产阶级的其他大部分社会主义者迥然不
同。而且，赫斯的父系祖辈和母系祖辈中都出过多位著名的拉比，可
以说，赫斯的出身非比寻常。在这方面，他与马克思非常类似。显赫

---

　　① 参见姜海波：《马克思与赫斯的思想关系——以〈德意志意识形态〉中的理论分
歧为核心》，《哲学动态》2014 年第 5 期。

　　② 西方学者称赞赫斯是"马克思之前的马克思主义者，赫茨尔犹太复国主义者之
前的赫茨尔"。参见 Raphael Vago, "Moses Hess—From Marxism to Zionism",
Studia Judacia,2016；转引自王雪：《摩西·赫斯思想研究》，南京大学博士学位论文，
2013。

　　③ 参见姜海波：《马克思与赫斯的思想关系——以〈德意志意识形态〉中的理论分
歧为核心》，《哲学动态》2014 年第 5 期。关于赫斯是否对马克思产生重要影响，国内外
学界仍然存在不小的争议，有一些学者，诸如苏东学者卢卡奇，就否认赫斯对马克思产
生过重要影响。不过，随着研究的深入，这种观点越来越不被学界所接受，一些学
者——诸如日本学者广松涉——甚至认为赫斯对马克思有"压倒性"的影响。具体参
见张一兵：《赫斯：一个马克思恩格斯的重要思想先行者和同路人》(代译序)，载《赫斯
精粹》，邓习仪编译，南京大学出版社 2010 年版，第 21 - 24 页；张一兵：《赫斯：人本学
经济异化理论逻辑的初始呈现》，《福建论坛》1998 年第 5 期；陈东英：《关于赫斯在马
克思思想史中的地位研究述评》，《理论探讨》2010 年第 6 期；陈东英：《赫斯在马克思
思想发展史中的地位》，《马克思主义与现实》2010 年第 4 期；高天、张元庆：《赫斯的货
币哲学与马克思唯物史观的形成》，《学术交流》2016 年第 6 期；候才：《赫斯〈金钱的本
质〉与马克思的早期著作》，《学术月刊》1988 年第 10 期；韩立新：《我们是否真的需要
"回到赫斯"——赫斯和马克思的关系研究回顾史》，《哲学动态》2011 年第 3 期；王代
月：《早期马克思政治立场转变中的赫斯因素研究》，《马克思主义与现实》2012 年第 2
期；宋婷婷、刘奕含：《马克思〈1844 年经济学哲学手稿〉中异化理论的赫斯因素》，《学
术交流》2018 年第 6 期；黄其洪、卢丽娟：《马克思与赫斯思想关联的再反思》，《厦门大
学学报》(哲学社会科学版)2019 年第 5 期。

的出身和富有的家庭,让赫斯的童年免受了物质的贫瘠以及财产与金钱问题的困扰,但是,赫斯后来却走上了一条为穷人的事业——无产阶级的事业——奋斗终身的道路,而且矢志不渝,这完全是因为赫斯具有一个高贵的灵魂和一颗理想主义的心灵的缘故。以赛亚·伯林就评价道:"赫斯的不食人间烟火和洁白无瑕的性格,有时甚至具有真正的圣徒气象。"①

赫斯撰写了大量鼓吹和宣传社会主义事业的政论文章,积极地为社会主义事业摇旗呐喊和效犬马力,即使遭遇了各种困境,他仍没有改变自己的信念,赫斯一生都坚持和践行社会主义思想。赫斯一生都没有气馁,无论遇到何种困难,他都一直坚持自己的理念,他从没有背叛自己的灵魂。由于出生于商人家庭,赫斯更加深刻地体会到无产阶级的痛苦,对受奴役的无产阶级更加感同身受。在他看来,资产阶级只知道赚钱,他们把金钱看成一切,其他所有问题都没有金钱重要,他们为了金钱什么事情都能干得出来。资产阶级自私自利,他们完全不顾广大劳苦大众的贫苦生活,相反,他们尽可能地压榨无产阶级,利润压倒一切,人道主义完全不值一提,资产阶级的私心和贪婪令人憎恶。尽管赫斯的父亲一直都对赫斯给予了厚望,热切地希望赫斯可以子承父业,承担起对家族企业的经营责任,让家族事业最终发扬光大,但是,赫斯却只想服务于人类,帮助穷人,解放压迫者,但无论如何不是赚钱。② 赫斯对赚钱没有任何兴趣,对经营企业更是非常厌恶,他憎恨资本主义,他认为资本主义完全是一种人剥削

---

① 以赛亚·伯林:《反潮流:观念史论文集》,冯克利译,译林出版社 2011 年版,第 261 页。

② 参见以赛亚·伯林:《反潮流:观念史论文集》,冯克利译,译林出版社 2011 年版,第 256 页。

人的制度。

　　作为德国的社会主义之父,赫斯是最早走上社会主义运动的一批人。1837年,赫斯出版了自己的第一部著作《人类的神圣历史》——这是一部带有社会主义色彩的著作,同时也是德国最早的社会主义著作。英国著名的马克思主义研究专家戴维·麦克莱伦对它这样评价道:"赫斯的这本书是德国第一部共产主义文献",①这本书让赫斯成为了"德国社会主义之父"。② 在1840年代,赫斯先后发表了《行动的哲学》和《论货币的本质》,在这两篇关于社会主义的经典文献中,赫斯进一步展开了对资本主义社会的批判,同时阐述了自己的社会主义思想和经济异化思想。赫斯的论文《论货币的本质》(Ueber das Geldwesen,On Money)第一次将费尔巴哈的宗教批判应用到了社会经济领域,③赫斯将费尔巴哈认识领域内"宗教异化"的批判框架延伸到了现实经济领域内"货币异化"的批判,④这无疑对马克思,尤其是马克思的"经济异化"思想产生了非常重要的影响。"1843年,赫斯撰写了自己的这篇论文,并将它发送到马克思那里进行发表。然而,它直到一年半后才发表出来。因此,马克思在撰写《论犹太人问题》时就知道了赫斯的这篇论文,马克思的这部作品中出现的大部分形象都是从赫斯那里借用而来的。"⑤

---

　　① 戴维·麦克莱伦:《马克思传》,王珍译,中国人民大学出版社2010年版,第59页。

　　② 戴维·麦克莱伦:《马克思传》,王珍译,中国人民大学出版社2010年版,第3页。

　　③ Robert S. Wistrich, *Socialism and the Jews*：*The Dilemmas of Assimilation in Germany and Austria-Hungary*,"the Messianic Nationalism of Moses Hess",London and Toronto：Associated University Press,1982,p. 36.

　　④ 参见高天、张元庆:《赫斯的货币哲学与马克思唯物史观的形成》,《学术交流》2016年第6期。

　　⑤ Shlomo Avineri, *The Making of Modern Zionism*,"Moses Hess：Socialism and Nationalism as a Critique of Bourgeois Society",New York：Basic Books,1981,p. 41.

需要指出的是,虽然赫斯最先将费尔巴哈的宗教异化论推向了经济领域,使宗教批判进一步地扩展到了政治与社会领域;但是,赫斯一直停留在道德控诉的层面,以至于赫斯的批判显得更具有道德化的色彩,他始终坚持非经济因素在历史发展中的作用,而没有看到经济因素的决定性作用,也没有将自己的批判工作深入挖掘到物质生活领域。①"他(赫斯——引者注)的社会主义是一种实践性的伦理体系,而不是马克思的辩证唯物主义。在摩西·赫斯看来,非经济因素对社会主义的历史发展是至关重要的。"②马克思的经济异化思想明显受到了赫斯的影响,但是,马克思无疑发展和超越了赫斯,马克思正确地看到了经济因素的决定性作用,"马克思通过生产力的历史发展拯救了黑格尔的辩证法,通过生产力切入对市民社会的经济分析发现了历史的根本动力,进而建构了唯物史观,并通过生产力的发展要求论证了革命的必然性和必要性。"③赫斯的社会主义不是建立在科学唯物主义的基础之上,而是建立在社会正义原则的基础之上。④赫斯一直坚持人本主义意识形态话语,这与马克思主义科学世界观存在内在的逻辑冲突,以至于最终导致赫斯与马克思恩格斯分道扬镳。⑤

---

① 参见姜海波:《马克思与赫斯的思想关系——以〈德意志意识形态〉中的理论分歧为核心》,《哲学动态》2014年第5期。

② Mary Schulman, *Moses Hess: Prophet of Zionism*, New York: Thomas Yoseloff, 1963, p. 48.

③ 姜海波:《马克思与赫斯的思想关系——以〈德意志意识形态〉中的理论分歧为核心》,《哲学动态》2014年第5期。

④ Ron Margolin, *Mose Hess as a Prophet of Spiritual Zionism: The Origins of Messianic Jewish Humanism*, Modern Judaism, Volume 38, Number 1, February 2018, p. 89.

⑤ 参见张一兵:《赫斯:人本学经济异化理论逻辑的初始呈现》,《福建论坛》1998年第5期。

　　除此之外，需要指出的是，赫斯的社会主义思想与马克思的社会主义思想还存在着一些其他方面的较大分歧。

　　例如，关于阶级斗争方面，赫斯与马克思就存在分歧。虽然发表在马克思的《年鉴》(Marx's *Jahrbuecher*)上的论文中，赫斯也主张阶级斗争，并宣布自己是一名无产阶级斗士；[1]虽然"后来，在马克思的影响下，他再度成为了一名信仰阶级斗争的社会主义者；"[2]虽然赫斯自己也写道："过去的一切历史都与民族斗争和阶级斗争有关；"[3]但是，赫斯仍然认为："民族斗争是第一位的，阶级斗争是第二位的；当民族对立结束，阶级斗争也将随之结束。社会各阶级的平等会随着各民族的平等的到来而到来，最后，它将仅仅变成一个纯粹的社会学问题。"[4]"他（赫斯——引者注）从来没有变成一个正统的马克思主义者。他仍然不相信暴力和阶级斗争是不可避免的历史范畴。"[5]相较于马克思而言，赫斯的这种主张明显较为和缓。他们之间的这种差异或许与赫斯本身的性格有关。赫斯真诚、洁白无瑕而又不食人间烟火；虽然赫斯目睹了私有财产的罪恶、资本主义的贪得无厌，以及使人变成野兽、失去人性的竞争与劳动分工体制，他忠实于自己的内心信念，也真诚地希望这些统统都予以铲除和消灭，但是，秉持人本

---

　　[1] Moses Hess, *Rome and Jerusalem: A Study in Jewish Nationalism*, "Translator's Introduction", translated by Meyer Waxman, New York: Bloch Publishing Company, 1943, p. 21.

　　[2] Moses Hess, *Rome and Jerusalem: A Study in Jewish Nationalism*, "Translator's Introduction", translated by Meyer Waxman, p. 30.

　　[3] Moses Hess, *Rome and Jerusalem*, "Foreword", translated by Rabbi Maurice J. Bloom, p. 10.

　　[4] Moses Hess, *Rome and Jerusalem*, "Foreword", translated by Rabbi Maurice J. Bloom, p. 10.

　　[5] 以赛亚·伯林：《反潮流：观念史论文集》，冯克利译，译林出版社2011年版，第289页。

主义思想的赫斯更多的是停留在道德批判的立场，而不主张赤裸裸的暴力手段。

此外，在民族主义问题上，赫斯与马克思也存在着较大差异。马克思坚持普遍主义的哲学观，否认民族主义这种特殊性存在，"民族主义的持续存在及其实际增长，显然是马克思远未注意到的现象，"①"不管是否出于自觉，马克思终其一生都低估了作为一股独立力量的民族主义。"②然而，赫斯则在秉持普遍主义的同时，也坚持民族主义。因此，"赫斯看到了一些马克思故意不去看的东西。"③这也是赫斯后来为什么重新回到了犹太复国主义道路，而马克思一生都拒斥犹太复国主义的原因所在。正因为存在这些分歧，以至于马克思幽默地称赫斯是"蠢驴摩西·赫斯"，①也最终造成了赫斯与马克思的"决裂"。不过，他们之间的"决裂"并非简单意义上的一次性彻底决裂，而是经历了"友好合作—决裂告别—隔空对话"的发展轨迹，在晚年时期，他们分别给予了对方的《物质动力学说》和《资本论》以崇高的礼赞。⑤ 因此，尽管他们两人之间存在这些分歧，尽管马克思对赫斯语出轻慢，但是，赫斯对马克思早期思想的影响是无论如何都不能抹杀的。

---

① 戴维·麦克莱伦：《马克思以后的马克思主义》，李智译，中国人民大学出版社2016年版，第3页。

② 以赛亚·伯林：《反潮流：观念史论文集》，冯克利译，译林出版社2011年版，第333页。

③ 以赛亚·伯林：《卡尔·马克思》，"前言"，李寅译，译林出版社2018年版，第13页。

① 以赛亚·伯林：《反潮流：观念史论文集》，冯克利译，译林出版社2011年版，第298页。

⑤ 参见黄其洪、卢丽娟：《马克思与赫斯思想关联的再反思》，《厦门大学学报（哲学社会科学版）》2019年第5期。

三、关键性事件：大马士革事件

　　赫斯一生都在苦苦追求社会主义，他热情地接受和传播社会主义思想。赫斯呼吁人们正视资本主义的巨大罪恶，他号召人们起来反抗残酷的竞争和私人企业造成的罪恶。由于赫斯自己就出身于资本主义商人家庭，因此，赫斯亲眼见识了资本主义血淋淋的剥削场景，他对资本主义的剥削与罪恶有着直观的感受，而且感同身受。对资本主义给人类的灵魂与肉身所造成二元分离及其所带来的无法愈合的冲突与伤害，赫斯有着非常清醒的认识，而且，他也难以忍受。只要是资本主义，那么，它肯定就是冷酷无情的，而且，它必然是一种赤裸裸的金钱关系，毫无人情和温暖可言。赫斯对这种体制感到由衷的憎恨和不满。赫斯希望以一种集体合作的方式来消除资本主义所带来的这种灵肉分离和伤害，这是一种和谐的而不是野蛮的关系，它会使人类释放出巨大的能量和生产力；而且，它会造就一个温暖、公正、繁荣与幸福的社会，这是一个与资本主义社会完全不同的社会，在这个社会里，人类会实现普遍的幸福。

　　在赫斯的整个人生中，大马士革事件占据重要地位，它让赫斯重新审视自己的犹太人身份，尽管他可能一度忘记了这种身份。那么，什么是大马士革事件呢？大马士革事件是对犹太人的血祭诽谤（blood libel）的一个典型事件。1840 年 2 月 5 日，大马士革的托马斯神父（Father Tomas）及其穆斯林仆人易仆拉欣·阿马拉（Ibrahim Amara）神秘失踪。托马斯不仅是一名神父，而且也是一名医生，他在大马士革居住了三十余年，期间他不仅在当地履行圣职，而且也为当地民众治病，他的救死扶伤和热忱帮助底层民众的善举在当地赢得了巨大的声誉。他的失踪引起了轩然大波。由于传言他是在犹太区失踪的,而 2 月 5 日正临近犹太人的逾越节,因此,大马士革当局就怀疑托马斯神父是被犹太人杀害,以用死者的鲜血来制作无酵饼。这无疑是典型的血祭诽谤。血祭诽谤在中世纪的欧洲流传甚广,作为阿拉伯世界的大马士革本来是没有血祭诽谤的;但是,由于近代以来的阿拉伯世界越来越多地受到来自西方世界的外来影响,以至于欧洲的这种血祭诽谤也逐渐地传到了东方的穆斯林地区。可以说,阿拉伯世界的血祭诽谤是一种外来输入型的血祭诽谤,而不是本地原生型的血祭诽谤。在这种背景下,大马士革当局就怀疑托马斯神父是被犹太人杀害,以作为犹太人的血祭礼仪。因此,在没有任何证据的情况下,他们就悉数逮捕了当地的犹太名流,并予以严刑拷打,有的甚至毒打致死。

　　这就是所谓的著名的大马士革事件,这次事件对西方世界,尤其是西方世界的犹太人产生了巨大的震动。赫斯就是其中之一。赫斯原本已经遗忘或者暂时遗忘了自己的犹太人身份,但是,大马士革事件重新唤醒了赫斯身上的犹太身份意识与犹太身份记忆。在大马士革事件之前,赫斯一直倡导一种解决全人类疾病的普遍方案,而且,他也深信这种普遍的救治方案也同样适用于犹太人。然而,大马士革事件让赫斯第一次开始怀疑自己原来所持的这种普遍救治思想是否也能自动地治愈犹太人的疾病。[①] 可以说,1840 年的大马士革事件在赫斯身上发生了巨大的回响,它让赫斯感到了巨大的痛苦,同时也让赫斯意识到了犹太民族的特殊需要;[②]赫斯自己就写道:"就在我

① 以赛亚·伯林:《反潮流:观念史论文集》,冯克利译,译林出版社 2011 年版,第 268－269 页。
② Shlomo Avineri, *Moses Hess: Prophet of Communism and Zionism*, p. 178.

正在为社会主义事业奋斗之时,这次事件使我第一次明白,自己属于一个被人任意诽谤的民族,它散居世界各地,被全世界的人民所抛弃,但却一直没有灭亡。"①"我的那些不幸的兄弟们的影像——在我年轻时,这些影像就一直环绕着我——重新浮现在我的眼前,长期压抑的情感也开始喷薄而出。"②

　　然而,虽然大马士革事件引起了赫斯内心巨大的震动,但是,赫斯却仍然没有立即回到犹太人中间,而是强压下这种痛苦,继续为共产主义运动奔走呼号。因为,他认为欧洲无产阶级承受着更大的痛苦,"尽管那时我已疏远了犹太教,但是,我却很想表达自己内心极度压抑和痛苦的爱国情感,然而,自己心中的这种痛苦很快就被欧洲无产阶级那种更大的痛苦所淹没。"③"犹太人的苦难不管多么深重和不公,毕竟无产阶级的苦难比它更大更严重。"④赫斯觉得,无产阶级比犹太人遭受了更多的不公,更需要自己的帮助和呐喊,也更值得自己为它献出生命。可以说,大马士革事件并没有让赫斯改弦更张,也没有让赫斯的社会主义思想得到改变;与其说大马士革事件让赫斯的社会主义思想立即产生了转向,倒不如说大马士革事件只是重新唤醒了赫斯儿时的犹太身份意识与犹太身份记忆。种子既然已经种下,它就只需等待时机生根发芽。

---

① Moses Hess, *Rome and Jerusalem*, "Fifth Letter", translated by Rabbi Maurice J. Bloom, p. 31.

② Moses Hess, *Rome and Jerusalem*, "Fifth Letter", translated by Rabbi Maurice J. Bloom, p. 32.

③ Moses Hess, *Rome and Jerusalem*, "Fifth Letter", translated by Rabbi Maurice J. Bloom, p. 31.

④ 以赛亚·伯林:《反潮流:观念史论文集》,冯克利译,译林出版社 2011 年版,第 269 页;同时参见 Robert S. Wistrich, *Socialism and the Jews: The Dilemmas of Assimilation in Germany and Austria-Hungary*, "the Messianic Nationalism of Moses Hess", p. 37.

　　因此,虽然赫斯继续在社会主义运动的道路上继续奋进,但是,大马士革事件的影响仍深深地镌刻在赫斯的心里,直至大马士革事件二十余年后,压抑了长达二十多年的思想和感情终于喷涌而出。赫斯再一次回到了自己祖父灌输给自己的信仰,在自己生命的晚年,他最终重新"回到了"(returned)对犹太教的热爱,①他不再压抑自己内心的犹太人意识。"与我的人民疏远了二十年之后,我再一次地站在了我的人民中间,积极地参与到他们的节日庆典和斋戒活动,努力地分享民族的记忆和希望,热情地投入到以色列之家(House of Israel),深情地加入到他们同周围其他文明国家的精神斗争与智识斗争中去。"②"一个我原以为永远埋葬在自己心中的思想现在再一次生动地浮现在我的面前:这个思想就是关于我自己的民族身份的思想,它与我的祖先的遗产和这片圣地(the Holy Land)——这座永恒之城(the Eternal City)是相信生活神圣统一性的发源地,同时也是相信未来所有人全都情同手足的发源地——的记忆是密不可分的。"③赫斯接着写道:"我和我的家庭(如果我有家庭的话)不仅会积极地参加一个虔敬的犹太会堂,而且也会在自己的家里严格地遵守斋戒与节日的习俗,让民族的传统永远活在自己和后代的心中。"④赫斯现在终于把视线转移到了自己民族身上和犹太复国主义问题上来。大马士革事件无疑在赫斯的生命中写下了浓墨重彩的一笔。可

------

① Mary Schulman, *Moses Hess: Prophet of Zionism*, p. 54.
② Moses Hess, *Rome and Jerusalem*, "First Letter", translated by Rabbi Maurice J. Bloom, p. 13.
③ Moses Hess, *Rome and Jerusalem*, "First Letter", translated by Rabbi Maurice J. Bloom, p. 13.
④ Moses Hess, *Rome and Jerusalem*, "Seventh Letter", translated by Rabbi Maurice J. Bloom, p. 51.

以说,大马士革事件对于赫斯的影响,犹如德雷福斯事件对于西奥多·赫茨尔的影响。尽管受到德雷福斯事件冲击的赫茨尔立即就转向了犹太复国主义,并写就了《犹太国》,而受到大马士革事件冲击的赫斯直到二十多年后才重新回到了犹太复国主义的道路上来,并写就了《罗马与耶路撒冷》;①但是,大马士革事件对赫斯的巨大影响肯定是毋庸置疑的。如果没有大马士革事件,我们很难想象,赫斯会在自己生命的晚年写出犹太复国主义历史上第一部著作,同时也是里程碑式的著作《罗马与耶路撒冷》一书。因此,弗兰克尔认为,《罗马与耶路撒冷》表明赫斯"回到"(return)了"1840 年的那个时刻,"②也即是回到了 1840 年大马士革事件的那个时刻。

四、 赫斯的犹太复国主义思想

虽然摩西·赫斯在共产主义史上占据非常重要的地位,然而,赫斯青史留名的主要原因仍在于赫斯的犹太复国主义思想。③ 赫斯是犹太复国主义的创始人和先行者,同时也是后来轰轰烈烈的犹太复国主义运动的第一人。

赫斯对犹太人问题各个方面的深刻认识伴随了自己的整个一

---

① 在犹太复国主义史上,摩西·赫斯、列奥·平斯克和西奥多·赫茨尔是三位里程碑式的人物,他们三人先后分别撰写了犹太复国主义史上三部里程碑式的著作——《罗马与耶路撒冷》(1862)、《自我解放》(1882)和《犹太国》(1896)。

② Jonathan Frankel, *Prophey and Politics*: *Socialism*, *Nationalism*, *and the Russian Jews*, 1862—1917, Cambridge: Cambridge University Press, p. 11. 转引自 Ken Koltun-Fromm, *Moses Hess and Modern Jewish Identity*, p. 57.

③ 以赛亚·伯林甚至认为,赫斯的犹太复国主义思想是赫斯青史留名的唯一原因,参见以赛亚·伯林:《反潮流:观念史论文集》,冯克利译,译林出版社 2011 年版,第 254 页。

生,[1]而且具有鲜明的特点。与犹太前辈门德尔松等人不同,赫斯坚决反对犹太人的启蒙。对于那些深受启蒙影响的犹太人,赫斯向来没有好感。对于这些人,赫斯专门发明了一个全新的词汇来称呼他们——"新式的"(newfangled)犹太人。这些"新式的"犹太人的标志非常明显,他们以自身背离犹太习俗的程度来衡量自己的启蒙与教育的程度,他们以启蒙价值观来审视一切,急切地抛弃自己身上的犹太身份。在犹太复国主义问题上,这些"新式的"犹太人也反对犹太民族主义的主张和犹太国家的重建。他们不关心故国或者回到故国的问题,实际上,他们只关心他们自己。他们害怕自己的犹太身份被周围的人们所发现,他们刻意地选择隐瞒,从而让自己更容易融入到他者之中。为了实现这种融合——这种融合的目的归根结底是出于自身利益的考量——他们往往憎恨自己的犹太身份,因为犹太身份妨碍了自己的这种融合。出于自身利益的需要,他们可以什么都弃之不顾。然而,他们越是这样不择手段,结果却往往越适得其反。德国人没有因为犹太人的这种选择而接纳犹太人,相反,德国人更加地怀疑和猜忌起犹太人来。希冀通过启蒙和教育来让犹太人融入到德国人当中必定是适得其反的,而且,希望通过启蒙和教育来减少德国人对犹太人的仇恨也必将注定是徒劳无功的。赫斯认为,犹太教的主干其实就是犹太爱国精神,[2]"一位虔敬的犹太人首先是一位犹太爱国者"。[3] 但是,"新式的"犹太人——他们拒斥犹太民族主义——

---

① Shlomo Avineri, *The Making of Modern Zionism*,"Moses Hess:Socialism and Nationalism as a Critique of Bourgeois Society", p. 38.

② Moses Hess, *Rome and Jerusalem*,"Fourth Letter", translated by Rabbi Maurice J. Bloom, p. 30.

③ Moses Hess, *Rome and Jerusalem*,"Fourth Letter", translated by Rabbi Maurice J. Bloom, p. 27.

不仅是一位宗教信仰上的背教者,而且还是一位自己民族与家庭的叛徒。如果犹太人的解放与犹太民族主义的确水火不容,那么,犹太人就必须选择牺牲解放。① 无论是出于自身的考虑,还是出于整个犹太民族的考虑,犹太人都必须要有爱国主义精神,这是一种自发而非造作的感情。没有爱国主义精神的犹太人就不是犹太人。

因此,启蒙是危险的,犹太人需要对启蒙异常警惕,赫斯甚至认为"犹太教必然随着启蒙的展开而崩溃"。② "现代启蒙运动的最大诱惑可能就是沉醉在一种迷梦之中,而这种迷梦就是整个犹太民族可以借助虚弱的人道主义来远离犹太教,这很可能导致犹太教的灭亡。"③在那些接受了启蒙的犹太人看来,犹太教实在没有存续的理由,它只会妨碍自身地位的提升和融入到当地的主流文化当中,他们只希望犹太教尽快解体,这样的话,他们就不会因为自身的犹太身份而遭受事业上的阻碍,从而实现自己的飞黄腾达。

然而,尽管那些接受启蒙的犹太人——对于这些犹太人,赫斯有时称呼他们为进步的犹太人或者先进的犹太人,有时称呼他们为现代的犹太人或者新式的犹太人——竭尽全力地去除自己的犹太性,甚至更换自己的姓氏和改变自己的信仰,但是,这毫无助益,德国人根本就不会降低自己对犹太人的仇视,因为,德国人极端地仇视犹太人,无论他们如何行事,他们都改变不了德国人这种根深蒂固的观念。

同时,赫斯也非常不赞成对犹太教的改革。任何改革都会有一

---

① Moses Hess, *Rome and Jerusalem*, "Fourth Letter", translated by Rabbi Maurice J. Bloom, p. 27.

② Moses Hess, *Rome and Jerusalem*, "Seventh Letter", translated by Rabbi Maurice J. Bloom, p. 50.

③ Moses Hess, *Rome and Jerusalem*, "Twelfth Letter", translated by Rabbi Maurice J. Bloom, p. 80.

定的危险性,贸然的改革只会加剧问题的严重性,它不仅不能解决问题,相反,它还会进一步地加剧问题的严重性。从整个犹太历史的角度来看,赫斯的这种看法不无道理。历史上的那些犹太改革,往往造成了犹太人背离犹太教的恶果。我们从门德尔松的例子中就可以窥见一些端倪。门德尔松希望通过改革犹太教那些不适应时代的东西,从而让犹太人更加有效地融入到德国社会。虽然门德尔松所倡导的改革赢得了一些支持和实效,但是,从后来的发展趋势来看,尤其是从门德尔松子女的犹太教信仰来看——在门德尔松的六个子女中,就有好几个改宗了基督教,在他去世不到一个世纪之内,他的所有直系后裔也相继改宗了基督教[①]——门德尔松的改革实际上背离了门德尔松的初衷,他的改革并没有达到他原先所希望达到的结果。相反,如果从维持犹太教信仰的角度来看,门德尔松所倡导的改革造成了完全相反的结果,不管他最初的动机是多么美好或者多么单纯,但是,他在客观上仍然造成了犹太人背离犹太教的恶果。

对于那些进步的德国犹太人而言,不管你对犹太教进行何种彻底的改革,他们都会认为它不够彻底。因为,他们只想抛弃自己的犹太身份和扔掉所有与犹太性有关的东西,他们非常害怕别人把他们与犹太性挂起钩来。他们眼里只有自己的幸福生活,凡是妨碍自己的幸福生活的东西就是恶的,很不幸的是,他们自己身上的犹太性恰恰是自己幸福生活的最大障碍,因此,他们恨不得翻个底朝天,彻底断绝与犹太性的所有关联。因而,对这些人来说,改革毫无作用,而

---

① 不光是门德尔松的子女,就连门德尔松的许多学生也改信了基督教。参见沃尔特·拉克:《犹太复国主义史》,徐方、阎瑞松译,上海三联书店 1996 年版,第 11 页;同时参见大卫·鲁达夫斯基:《近现代犹太宗教运动:解放与调整的历史》,傅有德等译,山东大学出版社 1996 年版,第 71 页。

且，改革也完全不能达到预期的效果。一旦启动改革，他们只会得寸进尺，他们会愈加渴望更加彻底和激进的改革。如果他们满足不了他们所要求的改革，他们会更加憎恨起犹太教和犹太身份来。在赫斯看来，任何改革都是徒劳的，改革愈加努力，结果愈适得其反，求仁并不能得仁，这就是真正的悖谬所在。

事实上，无论何种改革，它或多或少都会存在这种恶果，尽管它最初可能看起来是一个非常成功的改革，但是，随着时间的推移，这种恶果会逐渐地愈加显现。因此，赫斯非常反对犹太教的改革，他认为，对犹太教的改革只会让犹太教走向灭亡，赫斯直言不讳地指出，改革只会引起背教的恶果。①

赫斯进一步论述道："犹太人的危机只来自于那些犹太教改革者，他们用新发明的仪式与陈腐的修辞吸干了犹太教最后的精华，结果只留下了虚幻的空壳。它既不能增进现代犹太人的学识，也不能满足犹太人更为有序与更为美妙的信仰需求。他们所培育出的宗教改革思想是对犹太教的民族特性的一种严重扭曲。他们的改革只有一个消极目标——如果说他们有目标的话——那就是深切地怀疑犹太宗教对民族构建的作用。毫无疑问，这些改革只是一种对犹太教的冷漠举动，也是一种对犹太教的背教行径。"②

那些希望对犹太教进行改革以更加融入德国的犹太人的想法是幼稚而可笑的。不管犹太教怎么改革，也不管它改革成什么样子，犹太人都不可能因为对犹太教的改革而融入德国社会。以融入德国社会的目

---

① Moses Hess, *Rome and Jerusalem*, "Twelfth Letter", translated by Rabbi Maurice J. Bloom, p. 82.

② Moses Hess, *Rome and Jerusalem*, "Seventh Letter", translated by Rabbi Maurice J. Bloom, p. 50.

标来改革犹太教注定两头落空,因为,这既不可能减轻德国人对犹太教的敌意,以至于让犹太人更好地融入德国社会,也不可能让犹太教真正地得到革新。因此,赫斯说道:"没有哪种'激进'(radical)改革(之所以这么称呼,可能是因为它试图把犹太教连根拔起)、没有哪种洗礼、没有哪种教育,也没有哪种解放,能够完全开启德国犹太人社会生活的大门。"①改革并不能起到应有的作用,相反,它往往只会适得其反。②

因此,无论是启蒙,还是改革,它对犹太教不仅无效,反而可能会造成与其初衷完全相反的恶果。犹太人需要做的是保持自己的传统,坚持自己的犹太教信仰,相反,否认自己的犹太血统,更换自己的犹太姓氏,抛弃自己的犹太教信仰,让自己看起来更加"现代化",这不仅不能解决问题,而且会使问题更加严重。

五、 结语

玛丽·舒尔曼(Mary Schulman)认为,赫斯的人生可以分成两个

---

① Moses Hess, *Rome and Jerusalem*, "Fourth Letter", translated by Rabbi Maurice J. Bloom, pp. 25 - 26.

② 然而,赫斯并不是一味地反对所有的改革,相反,赫斯也主张改革,只是赫斯的改革与其他人的改革大为不同。对此,赫斯说道:"因而,我也会坚持'改革'(reforms)。但是,古代的习俗和习惯不应该作任何的改革,希伯来语祈祷辞也不应该缩短或者用德语译本来诵读。最后,安息日和节日也不应该取消或者推迟到星期日(a Christian day)。领唱者(*Hazan*)和歌咏者不应该只是毫无灵魂的歌唱工具。祈祷辞和赞美诗应该由虔诚的大人和小孩一遍遍地进行诵读和传唱,他们不仅精通音乐,而且还精通宗教知识。祈祷房不是戏院,领唱者、歌咏者和祈祷者不应该是一群滑稽的喜剧演员。如果人们遵守了上述规定,犹太社区将会安享和谐,每一个犹太人(不管他持什么样的观念)的信仰都将会得到更好的满足。无系统的改革只会以无意义的虚无主义而收场,除了带来一系列的精神颓势和年轻一代对犹太教的疏离之外,毫无其他意义。"(Moses Hess, *Rome and Jerusalem*, "Seventh Letter", translated by Rabbi Maurice J. Bloom, pp. 51 - 52.)

时期,一是赫斯作为社会主义者的时期;二是赫斯作为哲学家和犹太
复国主义者的时期。① 事实上,这种划分方式虽然不无启发,但仍有
简单化之嫌,因为这两个时期并不是全然地泾渭分明。因为,即使在
所谓的第一个时期,虽然那时赫斯拒斥了传统信仰,认为自己是社会
主义者,但犹太人问题仍然出现在他的早期作品中;只不过,他在那
个时期提出的解决犹太人问题的办法就是接受和融入世界社会主义
革命运动。② 而在所谓的第二个时期,也即是在《罗马与耶路撒冷》出
版后,赫斯也没有放弃社会主义,他仍然继续活跃于社会主义运动。
他没有因为坚持社会主义而放弃对犹太人问题的关注,也没有因为
犹太复国主义而放弃社会主义。他也不认为社会主义和犹太复国主
义存在非此即彼的冲突之处,而是认为两者可以有机地融合起来。
"赫斯既没有放弃社会主义,也没有放弃犹太复国主义,因为他看不
到它们之间有不相容之处。"③认为《罗马与耶路撒冷》的问世是赫斯
拒绝社会主义和从社会主义向民族主义过渡的证明的那种观点明显
是错误的。④ 事实上,"十九世纪思想和社会运动的两股主流——社
会主义和民族主义——最初都由法国大革命所催生,后来又被马克
思分离,但在赫斯的思想中又重新统一了起来。"⑤

　　虽然赫斯在第一个时期所提出的犹太人问题的解决方案——接
受和融入世界社会主义革命运动——表面上与他后来在《罗马与耶

---

① Mary Schulman, *Moses Hess: Prophet of Zionism*, p. 48.

② Shlomo Avineri, *The Making of Modern Zionism*, "Moses Hess: Socialism and Nationalism as a Critique of Bourgeois Society", p. 38.

③ 以赛亚·伯林:《反潮流:观念史论文集》,冯克利译,译林出版社 2011 年版,第 288 页。

④ Shlomo Avineri, *The Making of Modern Zionism*, "Moses Hess: Socialism and Nationalism as a Critique of Bourgeois Society", p. 38.

⑤ Shlomo Avineri, *Moses Hess: Prophet of Communism and Zionism*, p. 252.

路撒冷》中所主张的解决方案完全不同，但是，这两种解决方案其实仍然存在着一种实质上的关联，那就是，它们都与社会主义相关。"当赫斯对犹太人问题作出一个民族的解决方案时，他并没有牺牲自己的社会主义承诺来换取对它的倡导。相反，他深信，巴勒斯坦的民族解决方案……是对犹太人所存在的困境的一个正确无误而又'革命性的'（revolutionary）与'社会主义的'（socialist）解决办法。"①因为，"在赫斯看来，如果没有一个植根于犹太民族社会框架内的犹太无产阶级，那么，就不会有犹太人问题的解决办法。"②因此，"这就是为什么他在犹太民族祖先的土地上设想的犹太共和国要建立在社会主义的基础上的原因。"③

因此，他未来在巴勒斯坦所设想的犹太国家是一个社会主义国家，而且，他也并不觉得这个理想遥不可期；相反，他坚信这个理想终有一天会实现，而且，这个犹太人的社会主义国家也必将欣欣向荣。因为，"犹太民族仍然保存了丰盈的生命种子，它就像埃及木乃伊坟墓里所发现的谷粒一样，尽管埋葬了数千年之久，但却从未丧失自己的生命动力。一旦种植到肥沃的土壤里面，空气、阳光充足，那么，它就会生根发芽、结满果实。"④

赫斯是一位彻彻底底的理想主义者，虽然贫穷、漂泊、奔波，但却天真、真诚而又毫不气馁。1875 年 4 月 6 日，63 岁的赫斯在巴黎去

---

① Shlomo Avineri, *The Making of Modern Zionism*, "Moses Hess：Socialism and Nationalism as a Critique of Bourgeois Society", p. 38.

② Shlomo Avineri, *The Making of Modern Zionism*, "Moses Hess：Socialism and Nationalism as a Critique of Bourgeois Society", p. 43.

③ Shlomo Avineri, *The Making of Modern Zionism*, "Moses Hess：Socialism and Nationalism as a Critique of Bourgeois Society", p. 38.

④ Moses Hess, *Rome and Jerusalem*, "Fifth Letter", translated by Rabbi Maurice J. Bloom, p. 37.

世,遵照他的遗嘱,赫斯埋葬在了位于科隆的犹太公墓。由于赫斯对犹太复国主义的巨大贡献,赫斯的墓地于 1949 年被迁葬到了以色列,以被后世所有的犹太人所悼念和铭记。

　　总之,无论是对于社会主义,还是对于犹太复国主义,赫斯都占据了非常重要的地位。对于社会主义,赫斯有共产主义拉比的美称,对于犹太复国主义,赫斯则有犹太复国主义先驱的美誉。赫斯的卓越贡献,不仅值得犹太世界所传颂,而且也值得非犹太世界所铭记。

英译本序言一①

迈耶·维克斯曼（Meyer Waxman）　著

　　自从《罗马与耶路撒冷》英译本第一版问世以来，时间已经过去二十五年了，在这四分之一的世纪里，世界上诸民族的生活，尤其是犹太人的生活发生了许多非常巨大而又根本性的变化。然而，赫斯在这部著作中所提出的问题仍然没有失去其任何活力和效力，这些问题在 1943 年的今天同它们在 1918 年的过去一样适时（timely），它们甚至比成书时的 1864 年更加适时，因为，正如第一版序言所指出的那样，《罗马与耶路撒冷》（Rome and Jerusalem）是"一部永恒之书"（a book for all time）。当然，这部著作的某些框架特征并不适用于这一点。由于近来的事件，它们当中的一些东西——特别是他的政治理论和政治希望——现在已经站不住脚，甚至完全褪色了。然而，他的犹太复国主义思想或者他的犹太思想中的主要思想和他的犹太教观以及犹太教在人类历史上的作用，即使在今天也仍然同过去的岁月一样，具有说服力和可靠性。更为重要的是，无论是对于犹太复国主义者，还是对于非犹太复国主义者，在年轻一代犹太人的生活或者

---

　　① ［中译按］这是《罗马与耶路撒冷》在出版第二版时，迈耶·维克斯曼（Meyer Waxman）所撰写的一个序言。

活动中,它们都应该成为一种指引力量和灵感来源。

赫斯对犹太思想的巨大贡献是,他不仅让犹太思想成为了一种完整的思想,而且也让犹太思想成为了全人类思想的一个重要组成部分。在这方面,他与犹大·哈勒维(Judah Halevi)[①]非常相像。以盛行的反犹主义或者经济文化上的原因为根据,十九世纪其他所有的犹太复国主义思想家们都论证了在自己祖先的故地复兴以色列的必要性。赫斯和他的中世纪的先辈们是唯一将犹太民族主义及其发展同作为整体的人类文明进程联系在一起的人,而且,犹太复国主义是这种进程的一个必然结果。赫斯并不只把犹太教视作是一种宗教,而且,作为古往今来塑造人类文化的两种力量之一,与另一种力量希腊精神所不同的是,在未来它仍然是一个巨大的主宰力量。对他来言,犹太民族是一个工具,人类生活中社会与伦理阶段的神圣显现(divine manifestation)可以通过这种工具而揭示出来,而且,更为重要的是,他梦见安顿在自己土地上的以色列注定要在一个更大范围内实现它的历史作用,也即是通过在民族之间引入完美的和谐与友爱来实现人类的救赎。他孜孜以求的目标不只是要建立一个小型的自治家园,而是要能够为犹太人这个历史性的民族寻找一个地方,以按照犹太精神的原则发扬他们的生活,以便让他们在人类的发展

---

① [中译按]犹大·哈勒维(Judah Halevi,公元 1075—1141 年)是中世纪时期的一名西班牙犹太医生、诗人和哲学家,公元 1175 年或者 1086 年,他出生于西班牙的托莱多(Toledo)或者图德拉(Tudela),死于到达圣地(The Holy Land)后不久的 1141 年,当时圣地正处在耶路撒冷十字军王国(Crusader Kingdom of Jerusalem)的统治之下。犹大·哈勒维被认为是最伟大的希伯来诗人之一,他的宗教诗和世俗诗都享有盛名,他的许多诗篇甚至都出现在今天的礼拜仪式上。他最伟大的哲学著作是《库扎里》(*The Kuzari*)。这本书的全名是《支持受轻视信仰的辩护与证明之书》(*The Book of Refutation and Proof in Support of the Despised Faith*;阿拉伯语写作 Kitab al Khazari),这部作品是以一位犹太贤哲与哈扎尔国王(the King of the Khazars)之间虚构的对话形式展开的,探讨了犹太教的教义,并将其与其他哲学和宗教进行了对比。

中成为一个巨大的文化力量，从而使他们愈加接近前面所说的救赎。赫斯以一种动人的感伤、诗意的风格和哲思性的世界观与社会观阐释了前面所简要提及的这个主题思想。因此，对《罗马与耶路撒冷》的阅读将为读者就犹太民族主义、犹太复国主义和犹太教本身提供一种全新的启迪；虽然当前它与世界性事件不一致，但是，同人类所追求的所有崇高理想一样，它的这个伟大梦想也必将会起到激励作用，尽管在实现的过程中它也会遇到许多的障碍。

有趣的是，赫斯没有忘记把美国人民涵括在他的唯心主义的历史哲学当中。在布置（assigning）那些大国所起的作用的过程中，他说道："美国则代表了人类的一种普遍性再生力量（the general regenerating power）——通过这种再生力量，各民族的所有要素都将同化为一个要素"（第九封信），我们所希望的一个伟大任务确实会在不远的将来成功实现。

最后，作为英译者，我已经表达了自己的希望，那就是，对犹太人而言，过去发生了众多重大事件的这个四分之一世纪——这些重大事件主要是一些不祥的和灾难性的事件，不过也有五十万犹太同胞重新定居巴勒斯坦的纪念性事件——已经在每一位忠诚的犹太人心中唤醒一种渴望，而且，犹太女人从伟大的书籍中深深地汲取犹太知识的泉源。因此，他期望这个新版本在每一个犹太家庭，尤其在犹太复国主义家庭都将得到热忱的欢迎。

1943 年 1 月于芝加哥

英译本序言二

迈耶·维克斯曼(Meyer Waxman)　著

拉斯金(Ruskin)把所有的著作都分成了两种：一时之书(books of the hour)与永恒之书(books for all time)。绝大部分书都属于第一种；极少数精华才属于第二种。《罗马与耶路撒冷》属于后者。它今天就像它第一次为人所知的五十六年前一样适时；在某种意义上行而言，它在今天更加适时，因为，《罗马与耶路撒冷》属于极少数在写就时就超越了它们时代的著作。

今天，犹太复国主义已经从少数人脑海里的一个纯粹的梦想发展成了一个伟大的理念(这个伟大理念是一个伟大组织的目标)，而且，犹太民族主义在犹太人的生活中已经变成了一股巨大的力量，我非常有把握地确信，在那些认为犹太民族的未来是一个需要深切关注的问题的人中间，《罗马与耶路撒冷》的英译本肯定将会受到热烈的欢迎。因为，对于犹太复国主义者——非犹太复国主义者也一样——而言，这本书负载了一个信息。首先，对于赫斯的理念及其理念的实现，它提供了必不可少的哲学根基和思想深度。其次，它提供了一个更为广阔的犹太教观、犹太人问题观和犹太人问题的解决观。

对本书的英译本身就是一个愉快的旅程。我要感谢鼓励我承担这项工作的出版社，尤其要感谢我的朋友埃尔扎斯博士（Dr. B.
A. Elzas），他阅读了我的译稿，并提供了非常有价值的建议。

1918 年 4 月于纽约

英译本序言三

莫里斯·布鲁姆(Maurice J. Bloom) 著

摩西·赫斯是第一个用现代语言来阐述犹太民族与巴勒斯坦之间的古代联系的思想家,他的影响力一直延续到我们现在这个时代。"他不是犹太复国主义运动(Zionist Movement)的'先驱'(precursor),"马丁·布伯(Martin Buber)说,"相反,他是犹太复国主义运动的创始人(initiator)。"西奥多·赫茨尔(Theodor Herzl)这样评价赫斯的《罗马与耶路撒冷》:"我们可以在他的著作中发现一切。"

这本经典的犹太复国主义文学作品现在有了一个全新的英译本。这部作品的结构安排——向一位悲伤中的朋友撰写了十二封信的形式——是我后来的老师兼朋友西奥多·泽洛希斯提(Theodor Zlocisti)博士编订的,他是摩西·赫斯的传记作家,而且,直到第一届犹太复国主义代表大会(Zionist Congress)之前,他都是一位犹太复国主义者。

摩西·赫斯出生于 1812 年,早年是一位欧洲社会主义(European Socialism)的信徒,也是卡尔·马克思(Karl Marx)的亲密伙伴。但是,他很快就与马克思分道扬镳,因为,他坚持一种属灵的社会主义(spiritual socialism),这自然就与马克思的辩证唯物主义发生了冲突。相同的人道主义促使赫斯提出了在巴勒斯坦建立一个犹太共和国(Jewish Commonwealth)的主张,"以实现我们民族复兴的理想,这个理想既没有增加,也没有减少上帝在世界上的统治。"

　　在《罗马与耶路撒冷》首次问世一百周年来临之际,我们有理由相信,犹太复国主义运动将很快实现它的希望与理想,而这些希望与理想在犹太复国主义这一运动正式发起的三十五年前①就已经在这本书里明确地表达过了。

①〔中译按〕摩西·赫斯的《罗马与耶路撒冷》首次出版于 1862 年,第一届犹太复国主义大会召开于 1897 年,这两者正好间隔 35 年。

英译本导言
摩西·赫斯的时代、生平与哲学

迈耶·维克斯曼(Meyer Waxman) 著

摩西·赫斯和他的时代

在十九世纪深刻地影响世界历史一般进程,尤其是犹太历史一般进程的诸多著名的犹太人中间,摩西·赫斯无疑占据了一个非常重要的地位。他的这样一个地位无疑是他对犹太民族主义运动的倾注和贡献使然——他是首位向犹太民族主义提供哲学基础的人。然而,他对犹太思想的独创贡献——他把犹太观(the Jewish view)提升到了一种世界观(a world view)的高度——让他提升到了一个更高的地位上。就像古代的先知那样,赫斯是一位领先于自己时代之人,他看到了遥远未来的梦境和幻象。尽管与他自己同时代的那代人没能正确地理解和欣赏他的思想,但是,随着时间的推移和他所播下的种子逐渐地开花结果,犹太民族主义运动——他是犹太民族主义运动的一位先知——成为了全世界犹太人生活中的一个重要力量,赫斯的著作也吸引了越来越多的关注。在当前——亦即我们仍处于一场世界大战所造成的巨大创伤以及我们期待犹太人和犹太教未来可以有持续性影响的事件出现之际——它尤其会让那些研究这位思想者语言的人产生兴趣，同时，它也会让那些认为犹太教不只是一种教条主义以及犹太民族主义也不只是一种努力建立一个小型的政治国家，而是认为两者可以结合起来，以至于它们可以在人类生活中，尤其在犹太人生活中形成一个强大的智识性、属灵性和社会性的力量的那些人产生兴趣。尽管他具有独创性，但是，赫斯毕竟是他自己那个时代的产物；他的《罗马与耶路撒冷》这部著作反映了那个时代所有不同的趋势，以至于为了理解它的整全意义，我们必须全景式鸟瞰那个时代一般人的生活和犹太人的生活所秉持的所有潮流（currents），包括政治潮流和精神潮流。

对于德国人而言，十九世纪前半叶是一个动荡不安的时代。这是德意志帝国正在逐渐诞生及其宪制（Constitution）正在缓慢成型的一个时代。正如所有世代一样，斗争是它的首要特征。通过他的南德意志国家邦联（Confederacy of the South German State）以及它们这些模范性的宪制政府，拿破仑奠定了争取统一与民主的根基，这种根基已经向德国人证明了这两种政治恩惠（political boons）的价值所在。在解放战争（War of Liberation）中，德国的年轻人响应号召起来武装反对拿破仑，他们希望德国人不仅从外国的统治中解放出来，而且也从卑劣的僭主统治和独裁统治中解放出来。

然而，他们对自己的希望却感到相当痛苦失望。神圣同盟（The Holy Alliance）——神圣同盟的主导精神（the dominating spirit）是梅特涅（Metternich）①——竭尽全力地阻扰这些趋势（tendencies）。神圣

———————

① ［中译按］克莱门斯·冯·梅特涅（Klemens von Metternich，1773－1859）：十九世纪著名的奥地利外交家，从1809年起，他开始担任奥地利帝国外交大臣，1821年起，他兼任奥地利帝国首相。在其任内，他成为了"神圣同盟"和"四国同盟"的核心人物，他反对一切民族主义、自由主义和革命运动，在欧洲形成以"正统主义"和"大国均势"为核心的梅特涅体系。

同盟的利益就是让德国分裂成小国,以避免人民起来反对他们的统治者。因此,在梅特涅强加给德国人的德意志邦联条款(The Articles of the German Confederation)中,神圣同盟企图让这种分裂永久化。斗争因而就开始了。

　　斗争可以分成两种不同的种类,亦即保守主义或者民族主义和自由主义或者激进主义。除了要求一个立宪政府之外,最初由图恩瓦特・詹恩(Turnvater Jahn)①——他创建了一个名叫图恩维雷恩(*Turnvereinen*)的体操协会,赫斯在自己的信件中②常常提及到他——所领导的民族主义者在倾向上都是极端的沙文主义者和极端的反动派。在法国自由、平等和博爱观念影响下的自由主义者,他们在精神上都倾向于支持革命。在三十年代,除了法国的政治影响之外,法国的社会影响力也同时出现了。由于工业的发展,兴起的劳工阶级带来了一个新的问题——经济问题。意图对这个问题找到一个解决方案的理论——亦即借助于对财富的重新分配——后来就变成了大家所众所周知的社会主义思想,而且,它在德国有众多的支持者。当然,各种思潮之间并没有明确的界线。所有的梦想家和空想家都找到了一个发表自己意见的机会。专制政府是他们共同的敌人。即使后来当社会主义开始变成为一个明确的阶级运动后,在政治斗争中,它仍然同自由主义者进行力量上的联合。大学是民族主义和自由主义这两翼的核心所在。作为这场民众斗争领导者的各式知识阶层、教授、学生和作家,他们大部分都属于自由主义阵营。政

　　①　[中译按]弗里德里希・路德维希・詹恩(Friedrich Ludwig Jahn,1778-1852)是德国一位体操教育家和民族主义者,他的崇拜者都称呼他为 Turnvater Jahn,其含义大致是"体操之父"(Father of Gymnastics)。
　　②　[中译按]亦即第五封信。

府试图压制这场运动，但是，越是压制，它在民众中间传播得越是迅速。自由主义运动在四十年代达到了一个巨大高度，而 1848 年革命则让自由主义运动达到了顶峰。然而，这场革命最终以失败告终。它仅仅满足了民族主义者的主张。它把德国带进了一个愈加迈向统一的道路，而且，它也让德国推行了立宪政府，但是，希望彻底推翻君主制的激进派和等待社会革命来临的社会主义者对他们的目标深感绝望，因而，他们转向了其他的活动。一些人被驱逐出了德国，其中就包括赫斯。1848 年后德国人的生活的趋势是愈来愈民族主义，而 1870 年代的德国统一最终让民族主义发展到了顶峰。

　　政治斗争只是各种智识潮流内部冲突的一种外在表达。在这个世纪前半叶的最后三十年，德国的智识方面真正地呈现了一种观念、趋势和精神运动的漩涡（eddy）。黑格尔哲学（Hegelianism）是这场领域的核心。德国的所有哲学体系没有一个像它那样如此深刻地影响政治事件和社会事件的进程。黑格尔对人类思想的巨大贡献是他把这种进化概念（the concept of evolution）运用到了生活和思想上。他的辩证法（*Dialectics*）只是一种思维属性，凭借这种思维属性，让每一种特定思想转向于另一种思想。当它运用到生活上时，它提供了一种把每一种特定事物看作是其他所有事物的附属物的一种看法。黑格尔在历史中看到了一种不断向前的发展和成长，而不只是一系列固定不变的事件。

　　这就是黑格尔哲学思想的核心思想，它激励德国的年轻人去行动，黑格尔自己在他的政治哲学中固然得出了不同的结论，而且，他在官僚制国家中看到了精神的最高表达，但是，他的年轻追随者却从他自己的哲学中得出了相反的结论。如果历史意味着发展和变化，那么，从中古时期（Mediaeval times）一直流传下来的古老的国家体制不可能保留自己的完整性，因此，这位伟大的哲学家的追随者们，亦即德国的年轻人表达了变革的要求。

　　德国智识阶层当时动荡不安的第二个动因是宗教问题。黑格尔的宗教哲学如同他的政治哲学一样引起了争论。出现的问题是："宗教同哲学兼容吗?"这个问题把黑格尔阵营(the Hegelian camp)分成了左翼和右翼两派。大卫·弗里德里希·施特劳斯(David Friedrich Strauss)所撰写的《耶稣的生平》(*The Life of Jesus*)的出版，让这场冲突达到了高潮，在这本书中，基督教的核心人物被剥去了所有神圣的装束，并被贬谪到了一个神话领域。这本书立即成为了风暴中心，它引发了许多激烈的争论。一方面，它引起了对基督教的强烈辩护；另一方面，它也引起了越来越多对宗教的极端思想。在左翼阵营，基督教连同所有宗教都受到了猛烈的攻击，它的根基遭到了削弱。

　　但是，当古老的宗教思想遭到废黜时，一些东西必须放进入它的位置，以满足人们的敬拜渴望。费尔巴哈(Feuerbach)当时就提出了他的人的思想(idea of Man)。根据他的理论，人的救赎和提升是宗教理想。人性应该取代神性。在四十年代，这些观念引发了人道主义运动及其普世主义倾向(cosmopolitan tendencies)。但是，我们可以从鲍威尔(Bauer)——他是人道主义运动的一位主要成员——对犹太人的解放的态度中就可以看到何为真正的人道主义运动。1842年，他出版了一本关于犹太人问题(Judenfrage)的小册子，在这本小册子中，他激烈地反对犹太人的解放，理由是犹太人因为坚持自己的宗教而被排除在了解放自己的行列。赫斯说，人道主义者所吹嘘的"纯粹的人的本性"(pure human nature)无非是"纯粹的日耳曼人的本性"(pure Teutonic nature)，这是他们所持的人道主义的真正本质。

　　影响德国智识阶层的第三个因素是不断兴起的对社会正义的要

求。欧洲国家的工业发展把被剥削阶级身上所遭遇的不公明晃晃地带到了前台或者正面，从而促使人民思考社会及其制度。结果就催生了社会主义、共产主义和无政府主义（Anarchism）这些理论。它们彼此之间经常发生争执。一些人认为，为了消除邪恶，在全人类中施行一个强有力的社会主义化是必需的。其他人则宣扬极端的个人主义和清除所有的控制；不过，也有一些人阐述了共产主义形式的温和个人主义教义。因而，德国智识阶层形成了种种形形色色的思想——自由主义、人道主义、社会主义和无政府主义——所有这些一同融入了一种万花筒般的概念现象之中，在那里不同的思潮相互交叉、相互碰撞和相互背离。然而，他们都有一个共同点，那就是，他们都为德国的政治解放而奋斗。

赫斯就生活和行走在这种旋风般的思想和思潮之中。他对它们所有这些思想都作了反应，而且，这些不同种类的思想在了他的《罗马与耶路撒冷》一书全都有所反映。为了理解他的主要思想，对其进行一种整体性的审查是非常必要的。

不断在德国人的世界上演的动荡和斗争强烈地映照了犹太人的世界，环境更是把这个问题凸显了出来。它对犹太人造成了巨大的浩劫，而且，它也瓦解了犹太人的生命力。由门德尔松及其智识群体在十八世纪后半叶所开启的启蒙运动，其目标就是希望犹太教同现代理性主义精神相协调，并最终在十九世纪二三十年代以一种巨大的声势来达到同化。

拿破仑在德国的短暂统治让犹太人从中世纪的桎梏中解放了出来；他清除了犹太隔都（Ghettos）的城墙，并一度把他们放在同其他居民的同等地位上。在这个短暂的时期，犹太人的整个经济地位和教育地位全都改变了。犹太人中间的小商贩和劳工减少了，他们的位置被外贸商人和专业人士给取代了，他们当中的许多人被允许进入到社会生活的重要位置和参与到德国的文化活动当中。当给犹太人带来些许宽慰的解放战争（War of Liberation）结束后，对他们的法律限制大部分都恢复了，这些半解放的犹太人的地位变得不稳固。他们拒绝被迫回到他们刚刚在法律上和社会生活上所摆脱的隔都，结果，许多人寻求改信基督教来庇护他们自身的反常地位。

　　然而，那些没有完全绝望的人希望通过组织性的力量以继续为解放而斗争，同时，他们也在希望遏制这种改信基督教的潮流。这种努力的结果就是改革运动，它在三十年代初步成型，并在接下来的十年达到了高潮。要实现后者的目标，也即是让犹太教与时代的进步主义精神相符，这些人认为，有必要将它的内容全都属灵化，并尽可能地废除仪式和律法。至于获得解放，他们认为，有必要废除犹太民族主义和宣布犹太人仅仅只是一个宗教派别，进而对诸如保守派德国人或者自由派德国人认为犹太人是一种异己元素等各种形形色色的指控进行彻底驳斥。

　　解放不是通过改革而获得。解放是通过 1848 年对政治环境和社会环境的革命而获得。但是，同化是不可遏制的。激进派改革者所主张的犹太教的极端属灵化和犹太民族元素的彻底根除造就了一种全新类型的犹太教，这种全新类型的犹太教非常接近革新化的基督教，它们两者之间的界限几乎会变得难以察觉。

　　然而，在犹太人灵魂的最深处缓慢燃烧的一个火花最终会燃烧成火焰，在这些危险的时代，它有助于维持犹太教，也有助于用内容去补充它。这就是犹太科学（Jewish science）的创造性。犹太科学——它至少教导了一部分德国犹太人尊敬和敬畏他们辉煌的过去——唤醒了他们内心深处的自我意识以及他们宗教与民族里面的骄傲意识,因而,这有助于部分地遏制整体同化的潮流。确实,它的一些最伟大的创建者(builders)利用犹太科学论证所开启的犹太教改革是正当的,但是,它很快就呈现出一种更加保守的倾向。诸如拉波波特(Rappoport)、克洛克马(Krochmal)、格雷茨(Graetz)、弗兰克尔(Frankel)和鲁扎托(Luzzato)这些人使它转向了更加有益的手段,这些手段最终向摇摇欲坠的德国犹太教输送了力量和支持,而且,在现代化的正统派(modernized orthodoxy)的帮助下,它在这个世纪第六个十年甚至抑制了改革派的传播。

赫斯对犹太人中间所流传的所有这些运动都一一作了回应,在他的著作中可以听到所有趋势和奋斗的回声。在他的《罗马与耶路撒冷》一书中,我们可以发现一种对当时犹太教里的所有这些斗争力量的特有评判。然而,他以自己热情的态度过高估计了犹太科学对民族复兴的价值。除了克洛克马和鲁扎托的著作之外,犹太科学没有对民族主义的复兴作出过多大的贡献。它在将来仍然要为自己过去所犯下的不可饶恕的罪孽进行赎罪。

赫斯的生平

1812 年 1 月 21 日,摩西·赫斯出生在德国的波恩。他的父亲是一位富有的商人,而且,在他看来,他的父亲是一位彻底的正统派。赫斯的母亲属于一个拉比和犹太学者的家系。他的早期教育充满了犹太精神和他父母的宗教热忱。在他九岁时,赫斯被送到了自己祖父那里抚养,他的父母则离开了波恩前往了科隆。赫斯的祖父是一位老派而虔敬的犹太人,就学养程度而不是就职业属性而言,他是一位拉比,他的言传身教给年轻的赫斯留下了非常深刻的印象,而且,他逐渐向赫斯灌输了一种对犹太民族的深情厚爱,而这种深情厚爱最后在《罗马与耶路撒冷》一书里完整地进行了传达。赫斯以一种最热情洋溢的措辞提及了自己的祖父。

在 1830 年,也即是在赫斯十八岁时,赫斯步入了波恩大学就读。然而,他似乎从未获得学位,他在学习的中途就离开了大学。当时的大学是自由主义和激进主义运动与倾向的中心。这些倾向深深地吸引了年轻的赫斯,以至于他把自己灵魂的全部力量全都热忱地倾注在了对社会主义运动的宣传上。

这些激进活动最终让年轻的赫斯与自己保守的父亲之间的关系破裂了,结果,赫斯离开德国去往到了英国。在短暂地停留后,赫斯去往了巴黎,当他在那里花光了自己所有的钱后,他徒步回到了德国,而且,他在美茨(Metz)附近的一座村庄里从事了一段时间的教师工作。

当父子之间的关系得到和解后,赫斯在他父亲的企业里短暂地工作了一段时间。但是,商业工作同这位年轻人的热情精神不相融,而且,他们父子之间的关系也不和谐,结果,父子之间再度爆发了战争。1840 年,当赫斯同一位名声可疑①的基督徒女孩希比勒·普里茨克(Sybille Pritsch)结婚时,他和自己父亲之间的关系断绝了,而且,他们俩后来再也没有见过面。

在放弃了自己的商业工作后,赫斯把自己的全部精力全都倾注到了哲学研究和社会活动上。1837 年,他以"一位年轻的斯宾诺莎主义者"(a Young Spionozist)为笔名出版了自己的第一部著作——《人类的神圣历史》(*The Sacred History of Humanity*)。在这部著作

———————

① [中译按]这里的"名声可疑"的涵义指的是,希比勒·普里茨克(Sybille Pritsch)可能是一位妓女。参见以赛亚·伯林:《反潮流:观念史论文集》,冯克利译,译林出版社 2011 年版,第 261 页。

中，赫斯发展了自己的历史哲学，而他的历史哲学本质上是斯宾诺莎哲学和黑格尔哲学相结合的产物。紧随这部著作之后，1841 年他出版了自己的第二部著作——《欧洲的三头政治》（*The European Triarchy*）——在这部著作中，他倡导欧洲三个最文明的国家英国、法国和德国进行结盟；这个相同的思想也出现在了他的《罗马与耶路撒冷》一书中。

赫斯当时非常积极地宣传社会主义，而且，他成为了这场激进运动的领袖之一。他对所有的社会主义出版物都供过稿件，而且，他对《莱茵报》（*Rheinische Zeitung*）的供稿尤其多，他似乎是这家刊物的编辑成员之一。然而，反动权威都反感这样的自由主义出版物，因此，它们很快就在警方的命令下取缔了。社会主义者连同激进派当时都被迫在瑞士出版自己的著作和期刊。《来自瑞士的二十一印张》（*Ein und Zwanzig Bogen aus der Schweitz*）就是这样一种定期刊物——超过二十印张的所有著作都免于审查——赫斯在上面发表了一篇长篇论文《行动的哲学》（*The Philosophy of Action*）。在他的同事看来，这篇论文提升了赫斯的哲学规格。在这篇论文中，赫斯努力地阐述了一种无政府主义的哲学体系，他宣称只有个体物和具体物是理念的实体，他激烈地指责所有抽象的普遍性。这篇论文的基本论点是个体必须有绝对的行动自由。赫斯所爆发的这种个人主义不仅造成了诸如马克思和恩格斯这样的社会主义领袖们的不满，而且，这也与他自身的社会性质和社会倾向不相协调；因此，他修改了自己的利己主义概念，并使它社会化了。按照赫斯的说法，自我（Ego）发展的最高阶段是一个人认识到作为自身的社会生活之时。他的新学说的一个直接结果是他积极参与了共产主义运动。1845 年，赫斯从事宣传共产主义思想的工作和从事创办各种协会以致力于实现共产主义思想的工作,以至于阿诺德·卢格(Arnold Ruge)称呼他是"共产主义的拉比摩西"(The Communist Rabbi Moses)。

　　然而,他的共产主义活动很快就减少了。在马克思的日益影响下,赫斯采用他的观点,并开始宣扬经济社会主义的信条。在接下来的 1846 年,在他发表在马克思的《年鉴》(Marx's *Jahrbuecher*)上的论文中,他主张阶级斗争,并宣布自己是一名无产阶级斗士。然而,马克思并没有因为赫斯的热忱和热情而原谅赫斯,而且,他常常指责赫斯。即使在《共产党宣言》(*Communist Manifesto*)中,他也直接对他进行了一些尖锐的挖苦,称他是一位梦想家和空想家。

　　1847 年,赫斯前往到了布鲁塞尔(Brussels),而且,他向《德意志-布鲁塞尔报》(*Deutsche Brussiler Zeitung*)供过了一段时间的稿件。接着,他从布鲁塞尔前往到了巴黎。然而,1848 年革命爆发了,赫斯急忙回到了德国,他积极地参与了民众的武装抵抗。第二年,当反动派卷土重来时,赫斯和其他人一起被判处了死刑。他一度漫无目的地闲逛,他计划在日内瓦(Geneva)和安特卫普(Antwerp)定居;然而,普鲁士当局要求引渡他,这让他的逗留充满了危险,1853 年,他最终去了巴黎,他在那里渡过了自己余下生命的大部分时光。

　　十九世纪六十年代是德国的反动派和保守派势力正盛的一个时期。在 1848 年未遂的革命中,革命运动已经耗尽了自己的气力,而且,独裁统治已经恢复了自己的力量,他们用一种铁拳进行统治,尽管它戴上了立宪形态的手套。许多先前的革命派和自由派领袖现在都流亡了,他们对通过革命手段来实施自己的社会变革计划已经绝望了,他们纷纷转而投身到其他的事业上了。赫斯就是他们的其中之一,从 1852 年到 1860 年他一直都逗留在了巴黎,在这八年时间里,他全神贯注地研究起了物理学和生物学,尤其是解剖学和人类学。德国哲学家和自由主义者阿诺德·卢格——当时他也生活在巴黎——嘲笑了赫斯对科学的倾注和对理想的放弃,指责他成为了一名帝国主义的信徒;然而,对于这些指责,赫斯却全然不为所动。

这些研究标志着赫斯在精神态度上的转向。通过钻研民族学,赫斯确信,世界主义的教义——这种教义宣扬废除民族的界限,并主张把人性融化进异彩纷呈的大众之中——根本就没有任何的科学基础。他认识到,人性是由一群国家所组成的,在身体形态和精神特质上每一个国家都截然不同,而且,这些不同之处不是虚假的,而是初始的和固有的。接着,赫斯开始沉思他自己民族的命运和未来,他从未全然忘记自己的民族,而是像他自己所说,他的精力暂时转移到了他当时觉得是一个更加巨大和更加重要的主题——欧洲无产阶级——上面了。他的《罗马与耶路撒冷》就是这些思考的结晶。赫斯投身到了这个全新的工作当中,他用那种让他的社会主义著作和社会主义活动具有勃勃生机的相同热情与热忱来宣扬犹太民族主义,这自然就使他这部著作在同时代的人中间留下了非常深刻的印象。

尽管自己是一名犹太民族运动的支持者,但是,赫斯却从未停止自己对社会主义事业的热爱,1863 年,他短暂地回到了德国,并在拉萨尔(Lasalle)的直接领导下参与了宣传工作。然而,他原有的热情似乎消失了,因为,他很快就回到了巴黎,并再一次地倾注到科学研究和犹太研究上去了。在接下来的岁月里,他经常向社会主义期刊供稿,同时也经常向犹太期刊供稿,其中包括《以色列档案》(*Archives Israelites*)和格雷茨的《犹太教学月刊》(*Graetz's Monatsschrift fuer das Wissenschaft des Judenthums*)。

在普法战争爆发之时,作为一名普鲁士人,赫斯被驱逐出了巴黎。然而,这个驱逐行动没有造成他对法国的怨恨,与之完全相反的

是,他对法国的战败痛心疾首。为了宣泄自己的感情,他出版了一本
名叫《战败国》(*The Defeated Nation*)的著作,在这本著作中,他鼓吹
所有的国家一同联合起来对抗普鲁士化的德国。当和平恢复后,赫
斯回到了巴黎和继续自己的科学研究。由于不断地漫游和旅行,他
的健康已经日益败坏,在经过了数年平静的工作后,他在 1875 年去
世,享年六十三岁。按照他自己的要求,他安葬在了位于莱茵河畔的
迪茨(Dietz)的家族墓地。1877 年,他的遗孀出版了他的《动态物质》
(*Dynamic Matter*)第一卷。

赫斯的哲学

　　赫斯不是一位体系性的思想家。他从未努力地按照逻辑顺序以
固定原理为基础来发展自己的世界观和人生观,而是以一种混乱的
形式来呈现它们。然而,他不是没有原理,相反,他的原理同他就自
然、生命、历史和犹太教的看法有着本质的关联。正如我们所看到
的,赫斯撰写了大量的著作,尽管他最晚近的著作《罗马与耶路撒冷》
的篇幅较小,但是,它依然是他的杰作(*Magnum Opus*)。在这部著作
中,我们可以就所有的重要问题以一种最完美的形式来概括他的观
点。不管是作为犹太民族主义的一种哲学基础,还是作为人类一般
思想的一种贡献,这部著作所传递的思想都是非常有价值的。对于
赫斯而言,犹太教不是一种孤立的文明现象,也不是一个弱小民族的
精神表达,而是人性最重要的精神表达。赫斯把犹太教提升到一种
世界哲学的尊贵地位,它的目的不仅是让犹太民族,而且是让整个人
类都得到提升和完善。然而,他对犹太教的看法仅仅只是自然和生
命的一般哲学观的一部分,其原理的体系性解释有助于阐明它的内

容和强化它的价值。

赫斯思想的基本原理是他所说的"起源观"（the genetic view）。它是以斯宾诺莎的教义为基础的，赫斯是斯宾诺莎教义的一名忠诚追随者。尽管赫斯深受黑格尔和后黑格尔主义哲学的影响，尤其深受费尔巴哈的影响，但是，他仍然一直是一名斯宾诺莎主义者；然而，他的教义进一步地进行了延伸，以至于远远超过了斯宾诺莎的教义，而且，他的教义更能适应生活，作为一种社会因素，他的教义也更富有成效。因此，根据他的观点，世界是一个统一体，尽管它的阶段具有多样性和丰富性。它里面没有物质与精神二元论或者其他二元论存在的地方；它是一个不可分割的整体；宇宙的多样性只是表面的，宇宙的多样性是这个基本统一体的各种展开而已。在这个统一体的背后有一种包罗万象的力量——造物主或者上帝——这种包罗万象的力量会使宇宙万象一体化。上帝不是在世界之外，而是在世界之内，这是世界的本质与精髓。使整个宇宙万象一体化的造物主是通过五彩纷呈的自然现象和生命现象来呈现自己的，祂创造了它们，整个世界都是祂创造出来的一个世界。

赫斯对创造的强调让他的哲学拥有了一个全新的外观，就重要性而言，这远远超过了斯宾诺莎。尽管斯宾诺莎使用了"创造"（creation）这个词，但是，他从未把上帝看作是一位真正的造物主，他而是秉持一种机械的世界观，这种机械的世界观认为，宇宙是一个按照固定法则在无目的与无意识之下运行的巨大机械。相反，赫斯强烈地反对这种机械观，他看到世界上有一种不断创造的趋势，也即是事物重新形成的趋势。世界的生命不是一种只会盲目运行的力量，而是一种有目的、有意识且最终会实现的发展（development）。这种目的能够调和所有的敌对性元素与所有的对抗性力量，而且，出于实现完善和发展的需要,它也能够进行最后的和平性合作。在这种调和的概念中,赫斯展示了黑格尔的哲学或者综合(*Synthesis*)的影响力,因为,我们可以从中看到思想的世界和生命的世界是一个不断对抗与和解的过程;然而,他比原来的主人更有效地使用了它。

宇宙的创造性力量是一种重要的力量,作为一种充满勃勃生机的存在(being),整个宇宙被分成了三种生活领域:宇宙的生活领域(the cosmic life spheres)、生物的生活领域(the origanic life spheres)和社会或者人类的生活领域(the social or the human life spheres)。它们之间并没有任何明确的界限,但是,它们是一个巨大整体的各个部分,一种创造性的力量把它们称作存在。世界都是运动的;世界上没有任何事物是固定不变的,所有的事物都在重新形成。赫斯不相信物质的永恒性,也不相信原子的不变性。这个世界所有其他事物都是由原子创造的,但原子自身也在不断地生长和衰变。原子只是创造进程的中心,每一个进程都会有相对应的原子,在其他领域,例如在生物领域,原子是发端,然而,在社会领域,原子则可以启迪创造性的理念。

赫斯相信,这种起源观是真正的犹太人的观念,而且,它指向了圣经的创世论。他坚信自己的主张是正确的。把世界看作是一个形成的过程和把创造性的力量看作是至关重要的,这是犹太思想的一个基本特质,而且,这在柏格森(Bergson)的著作中得到了最佳的阐释。如果把赫斯的观点同这位杰出的法国犹太哲学家的观点进行比较,那么,我们会对他们之间的这种相似性所深深震惊。同赫斯一样,柏格森反对这种机械的世界观,他教授一种会不断产生新东西——这种新东西事先是无法进行预测的——的创造进化论(a creative evolution)。像赫斯一样,他也主张生命力(the vital force)的统一性,尽管它本身会分成不同的形式,但是,它本质上仍然是一个统一体。他们两者之间无疑存在差异，但是，他们两人的基本原则是相同的；从一种实用的观点来看，赫斯的观点远远更加深刻，也远远更加丰富。赫斯把自己的哲学思想运用到了社会性世界，而柏格森则仍然横在路中间。

根据赫斯在自己世界观中所提出的原则，赫斯构建了自己的历史哲学。按照赫斯的看法，历史——包括社会生活领域的历史——并不从属于自然，而是与自然处在相同的地位上；它被相同的法则所支配，而且，它弥漫了相同的统一性的创造力（the same unified creative force）。上帝在历史中揭示自己不会比在自然中揭示自己要少；在此，他提醒我们铭记第一位犹太民族主义哲学家哈勒维（Halevi），[①]在人类事务中，有一个自身迟早会逐渐展开的神圣计划。

与他同时代的所有思想家一样，赫斯的历史观——他运用了黑格尔的原则——深受黑格尔的影响。历史同自然一样是不断发展的，当然，历史也被法则所支配，但是，我们的行动意识保存了（preserved）人类的自由。历史的发展会以辩证法的形式继续进行，亦即较早的历史时期的那些相互敌对的力量最终会被一个全新的综合性时代所化解。赫斯把历史视作是普遍计划的一部分，他认为，历史的发展可以同自然的发展进行类比。与后者一样，前者也有三个分期：形成（rise）、发展（growth）和成熟（maturity），而且，这两个领域的分期之间也存在相应的相似性，在第十封信中，他别出心裁地进行了详尽的说明。它们之间的差异在于：当自然进入到其发展的第三个阶段时，历史仍然在奋力向前。作为传达自己思想的一种手段，

---

① 参见一位作者在 1916 年 11 月 10 日的《美国的希伯来人》（*The American Hebrew*）上面发表的一篇论哈勒维（on Halevi）的文章。

赫斯运用了圣经的安息日概念——安息日意即"休息"(rest)和"结束"(completion)。自然已经到达了自己的安息日,但是,历史仍然还没有到达。历史的安息日(The Sabbath of history)——人类发展的成熟期——就是先知的弥赛亚时代。这是社会领域所有敌对力量和抗争力量都将和谐化以及人们在道德上都将自由化的一个时代。然而,如果要理解赫斯历史概念的整全意义和他对未来的宏大愿景,那么,我们就必须理解他的社会观及其奋斗目标。

在他年轻时代,由于受到热诚的心灵的驱动,他投身社会主义运动以试图减缓人类的痛苦,赫斯没有清晰的人类社会观。他过多地受到了不同动机的影响,对他而言,社会生活只是一种在作为一个整体的社会集合体和作为社会的个体成员之间持续不断的对立。他在其著作的某个地方说道,人类社会是受到利己主义(egoism)和爱(love)这两种动机驱使的一种斗争。换言之,社会存在两种力量:一种是日益崩溃的力量——利己主义,一种则是把人彼此结合在一起且日益稳固的力量——爱。赫斯一直保留了对作为一种道德因素的爱的信念,而且,他的著作《罗马与耶路撒冷》开篇就对爱进行了称颂。作为对这种永恒斗争的一种逃离,他提出了共产主义——一种可以遏制利己主义和培育爱的社会形态。他一度倾向于个人主义(Individualism)。在费尔巴哈和鲍威尔的影响下,他撰写了《行动的哲学》——这是一本鼓吹个人自由的著作。然而,即使在那时,他也不是一名利己主义者。后来,在马克思的影响下,他再度成为了一名信仰阶级斗争的社会主义者。尽管历经了所有这些社会性变化,但是,赫斯相信社会只是一种个人的集合。

作为自己人类学研究的结果,直到后来赫斯才认为,社会不是一种纯粹抽象的观念,而是由细分成各个具体的民族所构成,每一个民族肯定都有自己所遗传的精神特征和身体特征,而这些特征都是无法改变的。接着,他自己形成了完全独立于斯宾塞(Spencer)的社会有机体理论,这种社会有机体理论是其社会哲学和犹太哲学的基石。按照这种理论,社会是一个由各种组织和民族所构成的一个有机体。每一个组织或者民族都要执行不同的功能以实现整体的利益。在执行这种功能的过程中,这个组织的存在的目的就实现了;每一个组织都存在执行这种功能的某种自然倾向。

赫斯发展出了一个复杂的历史计划,按照这种历史计划,历史上的每一个民族都有或者都曾经有一个要去执行的特定使命或者特定功能。在这个计划中,他为两个完全相反的民族——希腊人和犹太人——保留了重要的位置。世界对希腊人呈现了多样性和多重性,世界则对犹太人呈现了统一性;希腊人认为,自然和生活是存在(being),也即是一种已经实现的东西;犹太人则认为,自然和生活是生成(becoming),也即是一种不断被创造的东西。希腊人像自然那样——希腊人代表了自然(represented Nature)——已经在生活上达到了自己的目的,因此,他们从世界上消失了。另一方面,犹太人——犹太人代表了历史(representing History)——则仍会存在,他们努力地实现自己的目标,努力地在这个社会生活领域中实现历史的安息日,也即是所有社会性力量的和谐。

犹太教是一种历史性的宗教,这种宗教在社会领域有其自身的独特作用,而且,它已经在历史中发现了上帝,也即是人类生活中的创造性与和谐性的原则。在自己晚期的一篇论文中,[①]赫斯说道,犹

---

① 《当今宗教无政府主义中的犹太教的统一性》(*Die Einheit des Judenthums innerhalb der heutigen Religiosen Anarchie*),载于《月刊》(*Monatsschrift*),1869 年。

太教最为独特的特征是它把自己的最高目标——社会(Society)中的普遍法则的实现(the realization of universal law)——放在了人类历史之前。他在其他地方说道,犹太教是一种人道主义的宗教。按照犹太教的教义,人类的生活是一种有机的过程;它始于个体性的家庭,而且,它最终将终结于一个多民族的大家庭。在实际生活中实现这个伟大宗教的教义,这就是犹太人在社会中的使命或者作用。犹太民族属于人类的创造性组织。犹太人已经教会了人类真正的宗教,这种宗教既不是唯物主义的宗教,也不是唯心主义的宗教,它有其自身的目标,与基督教所不同的是,它的目标不是在彼岸中对个人的拯救,而是在此岸中对社会生活的完善。正是因为这种作用,以至于他们不得不为人类创造新的社会价值。

作为一个伟大的社会有机体的一名成员,以色列所要践行的这种作用不可能在巴勒斯坦之外的其他地方得到发扬,它将再一次地在那里建立一个国家,这个国家将是一个拥有自己国土的国家,因为,国土是维持正常社会生活的一个基本条件。犹太教和犹太人是不可能在缺少自身土地以至于在担惊受怕的流亡生活中得到复兴的——土地是政治生活的根基。在流亡生活中,犹太人在所有领域——不管是在精神上还是物质上——都是没有成效的。犹太人的经济生活,无论在一些国家有多么繁荣,它都是不正常的;它缺少作为一种根基的土地;因此,犹太人不可能是创造者(creators),他们只能是中间人(middlemen)。只要在犹太人自己的土地上(他们会在自己的土地上创造全新的经济价值和社会价值),他们就将会继续发展他们最伟大的创造——宗教——作为一种道德力量的宗教将会对人类发挥重大影响,从而实现社会的和谐。在努力地为积极的犹太生活观奠定基础的过程中,赫斯对犹太生活的现存观念进行了否定性的批判。他最尖锐的抨击是针对改革论者和同化论者，因为，他们都否定犹太人的民族性和主张用一种抽象而模糊的教义——他们称之为"使命"（Mission）——来取代它的位置。赫斯坚信一种犹太使命，但是，他的使命是基于历史生活和社会生活的一种自然功能，而其他人的使命只是一种臆想和狭隘视野的产物。他抨击他们对犹太史的无知和对犹太教本质与社会本质的一般性误解，而且，他嘲笑他们自诩作为诸民族教师的角色。在他们放弃了最为重要的原则后，他们的犹太教就只是一个空壳。在他看来，正统派犹太人有一个远远更加高级和远远更加真实的犹太教观。他们在自己的仪式和祈祷中保留了民族主义的内核和对犹太复兴的渴望。然而，即使他们也没有全然让他满意。他们的不活跃和僵化的状态让他心生恼怒。但是，他是一名乐观主义者。他相信，复兴的精神将会在他们身上复活，而且，他们最终将为这个伟大的民族主义运动提供原料。赫斯也对犹太科学寄予了厚望，他期待它在犹太复兴的过程中成为一个非常重要的要素。

　　为实现自己所梦寐以求的犹太复兴，赫斯设计了一个切实可行的计划。他倡导在巴勒斯坦拓殖和建立一个犹太拓殖协会（Jewish Colonization Association）。他梦想，那些在通往印度和中国之路上定居下来的犹太人将变成亚洲和欧洲之间的中介。对于政治支持，他转向了自己心爱的法国——自由的化身和被压迫民族的捍卫者。但是，他也梦想有一个犹太代表大会（a Jewish Congress），这个犹太代表大会可以要求强权国家（Powers）去支持购买巴勒斯坦的土地——从近来的发展来看，这个梦想是相当有远见的。他也预见到了一个同这场战争所造成的当前事态具有相似特征的政治局势；他称呼它为反动与自由之间的最后斗争。他的一些论文具有惊人的现代特征。

　　这位伟大的预言家的一些梦想部分成真了。让我们从这位现代预言家的语言中汲取信心，同时也希望他对以色列所预见的光辉前景在即将到来的历史时期中可以圆满实现。

前　言

摩西·赫斯

　　自英诺森三世(Innocent III)①孕育其毁灭犹太人的恶毒计划以来——当时他强行地把一个带耻辱性的徽章缝入到犹太人的衣服上,并且,红衣主教安托内利(Cardinal Antonelli)治下甚至绑架犹太小孩,以试图让犹太人接受西班牙文化,乃至最终把他们变成基督徒——教皇的罗马已经成为了犹太人的一口源源不绝的毒井。只有当这个源头枯竭时,基督教德国的反犹太主义才会因为失去滋养而消亡。

　　随着基督教对文化的敌意的消亡,基督教对犹太教的敌意也会消失;随着台伯河(Tiber)上的这座永恒之城(The Eternal City)②的解放,莫里亚山(Mount Moriah)③上的这座永恒之城④也会开始解

① 教皇英诺森三世(Innocent III,1198 年—1216 年在位)以残忍对待犹太人著称。在他的煽动下,第四次拉特兰会议(Lateran Council)采纳了一项决议,这个决议鼓动基督教诸国王逼迫犹太人在他们所穿的衣服上戴上一个特别的徽章。
　　[中译按]在教皇英诺森三世在位期间,中世纪教皇的威望和权力达到了鼎盛。英诺森三世发动了第四次十字军和批准了圣多明我与方济各所成立的托钵修会。
　　② [中译按]这座永恒之城(The Eternal City)指的是罗马城。
　　③ [中译按]莫里亚山(Mount Moriah)的确切位置不得而知。然而,后来的圣经传统(《历代志下》第三章第 1 节)表明莫里亚山指的就是耶路撒冷的圣殿山(Temple Mount)。《七十子译本》(*Septuagint*)没有提到莫里亚山(Moriah),这可能是因为希腊语 *moria* 这个词有"愚蠢"(folly)之意。据说,耶路撒冷城著名的圆顶清真寺(Dome of the Rock)就是建造在亚伯拉罕捆绑他的儿子以撒的那块石头上。
　　④ [中译按]这座永恒之城(The Eternal City)指的是耶路撒冷城。

放;意大利的文艺复兴预示了犹大(Judah)的崛起。① 耶路撒冷的孤儿们也将从中世纪可怕梦魇的昏睡中觉醒,并参与到这个伟大的民族复兴运动当中来。

　　民族主义的春天始于法国大革命。1789 年是诸历史性民族生命的春分节点。每当希腊与罗马重生之际,民族的复兴就会变成一个自然而然的现象。波兰重新呼吸上了自由的空气,而且,匈牙利也正在为自由而作最后的斗争。在受压迫的其他民族中间也同时出现了动荡,当受野蛮的亚洲和文明的欧洲压迫的所有民族一同起来对抗自己的主人时,这场动荡将最终达到顶点,而且,在一个更高正当(a higher right)的名义下,他们将挑战那些统治民族的统治权。②

　　在这些民族中,犹太民族无疑被归类为已死亡的民族,然而,他们现在开始意识到他们的历史使命,他们声称他们拥有作为人之为人的应有权利。这不是徒劳地藐视或者挑战两千年来的历史法则;世界各地的犹太人始终指向和注视着耶路撒冷。犹太民族的文化和历史使命本能般地给他们带来了坚诚的团结、兄弟般的友爱关系和永恒造物主(Eternal Creator)之下的仁慈,这个民族保存住了其宗教上的民族性,并且,这个民族同它的祖先之地一直保持着一种不可分割的紧密联系。如果没有犯道德自杀这种错误,那么,没有哪一个在为自己的祖国而努力奋斗的民族会否认犹太人这种孜孜不倦的奋斗。

　　对一个不带任何偏见的观察者来说,犹太民族主义问题似乎显

---

　　① 就在赫斯写下这几行字时,在加里波第(Garibaldi)的领导下,意大利正从教皇手上争夺罗马,并把罗马合并到这个统一的新王国。当时的这些事件也可以解释对波兰和匈牙利所作的评论。
　　② [中译按]在布鲁姆译本中,这句话译成作:在一个更高正义(a higher justice)的名义下,所有那些受压迫的民族全都正在准备同时发动叛乱,以挑战那些傲慢的统治民族的权力。

得相当及时，但是，对于"有教养的"（cultured）德国犹太人来说，这似乎又显得不够理性。因为，作为他们反犹的借口，德国开明的反犹主义者和保守的反犹主义者均指出了犹太民族与日耳曼民族之间的差异。在那里，犹太民族的存在仍然被用作反对给予犹太人实际权利与民事权利的论据。自从门德尔松（Mendelssohn）以来，德国的犹太人就开始努力追求与其德国兄弟一样的政治平等与社会平等。然而，尽管他们积极参加德国人的文化生活，尽管他们拒斥自己本民族的文化，尽管他们努力地使自己"德国化"，但是，他们终究仍是竹篮打水一场空。

犹太民族不能像其他民族一样建立一个能够自己保卫自己的国家。对于一个根据自身的独特天赋而自我表现优异的民族而言，它不会去妒忌其他民族所取得的巨大成就；相反，它会从其他民族中主动地接受自己民族所缺乏的东西。有一种观点——为了以色列国的重生，今天这种观点变得更加地直言不讳——认为，他们的正当性首先存在于犹太教或者犹太教的民族特性之中。人类发展的一般历史与当前所形成的国际形势也证明了他们存在的正当性。

在随后的这些信件中，内在的正当性问题将会首先得到强化；这位作者觉得自己不得不强迫自己说出"改革派"（Reformers）的那些不切实际的理性主义与人道主义的幻想，由于受到物质上的影响，这些"改革派"完全不懂或者根本否认犹太宗教的民族意义；同时，这位作者也不得不强迫自己说出对教条化的奋锐党人（dogmatic Zealots）的反对，①因为，犹太教如果在后者手中就会变得极其危险，他们完全

――――――――――――――

① ［中译按］奋锐党（Zealots）又名狂热派，是古代后期犹太教的一个激进派别，由社会底层的普通平民、贫苦民众及小商贩组成；在宗教观点上，他们与法利赛（转下页）

不能胜任我们犹太宗教的发展。

由于犹太学者近来孜孜不倦努力的结果,即使在那些深受启蒙思想影响的那帮人中间,我们的宗教信仰现在也拥有众多的信徒,而深受现代启蒙思想影响的那帮人似乎就等同于犹太教背教者,因为他们两者太过相似。"后塔木德时代(Post-talmudic Era)的历史,"格雷茨(H. Graetz)①说,"也具有民族的特性。它绝不仅仅是一种宗教的历史或者教会的历史。"②

"作为一个民族的历史,犹太历史远远不只是一种文献史或者教会史,而是,就像这个民族不得不记录他们壮烈的殉教史一样,文学进程和宗教进程均只是其历史进程中的偶然阶段,并不是它的本质属性。"

历史批评现在已经取代了"改革派"的理性主义方法。后者希望把犹太教中的宗教元素和政治元素进行分离。他们没有认识到我们的整个文学——塔木德文学和圣经文学——所流淌的生命之泉。他们极大地误解了我们的文学的起源和源头,以至于他们认为,《塔木德》这种伟大的有机创造只是代表了努力让人民的生活不停地适应不断变化的状况和环境的一种结果。③ 一种对犹太教的民族特性更为深刻的研究取代了那种浅薄的理性主义,这种浅薄的理性主义仅

(接上页)人一样,强烈盼望弥赛亚来临,但在政治上则与法利赛人相反,他们认为接受罗马统治等同于背叛上帝,因而,他们坚决反对罗马统治。另一方面,他们又认为自己是犹太律法与犹太民族生活的捍卫者,因此,他们常常暗杀罗马官员及犹太人中亲近罗马人的派系官员(如法利赛人),他们的思想观念相当激进。

① [中译按]海因里希·格雷茨(Heinrich Graetz, 1817-1891):德国犹太历史学家,他是近代第一批以犹太人的视角来书写综合性犹太历史的犹太学者之一。

② 格雷茨:《犹太史》(History of the Jews),德语版,第五卷导论,第3页。

③ [中译按]在布鲁姆译本中,这句话译作成:在这种有机的创造中,对于不断变化的时代,表面上看起来的适应性比任何东西都更为深远。

仅只会导致对犹太教的冷漠和背离,而且,它对犹太教的创造性精神的复活与犹太教的历史任务的复兴没有任何帮助。

许多从干瘪的正统观念解放出来的人近来在他们的研究中体现了(manifested)一种对民族主义的犹太教的深层思想。

社会发展的一般历史与现代民族主义的复兴都表明,以色列的历史使命仍没有完成。当前的国际形势应该有助于在苏伊士运河(Suez Canal)和约旦(Jordan)河岸直接建立犹太人的聚居地。我们现在所强调——但之前却被忽视——的主张,其背后是民族主义问题和自由问题,也即是,仍存在深刻的民族问题没有解决。这个问题和历史一样古老,它必须在政治问题和社会问题明确地解决之前就应该首先予以解决。

与属灵的观念(spiritual outlooks)一样,社会制度也是民族问题的产物。

过去的一切历史都与民族斗争和阶级斗争有关。民族斗争是第一位的;阶级斗争是第二位的。当民族对立结束,阶级斗争也将随之结束。社会各阶级的平等会随着各民族的平等的到来而到来,最后,它将仅仅变成一个纯粹的社会学问题。

1862 年 5 月于科隆(Cologne)

第一封信①

　　与我的人民疏远了二十年之后,我再一次地站在了我的人民中间,积极地参与到他们的节日庆典和斋戒活动,努力地分享民族的记忆和希望,热情地投入到以色列之家(House of Israel),深情地加入到他们同周围其他文明国家的精神斗争与智识斗争中去。尽管犹太民族已经与这些民族一起生活了两千多年,但是,它从未与他们有机地融为一体。

　　一个我原以为永远埋葬在自己心中的思想现在再一次生动地浮现在我的面前:这个思想就是关于我自己的民族身份的思想,它与我的祖先的遗产和这片圣地(the Holy Land)——这座永恒之城(the Eternal City)是相信生活神圣统一性的发源地,同时也是相信未来所有人全都情同手足的发源地——的记忆是密不可分的。

---

　　① [中译按]《罗马与耶路撒冷》一书是赫斯写给一位半是真实半是虚构的犹太女性的十二封书信(12 letters)、一个六段长长的后记(a six-paragraph long epilogue)和十篇附注(ten notes)组成。埃德蒙·西伯纳尔(Edmund Silberner)认为,赫斯在这些信件中所提到的这位神秘的犹太女性是约瑟芬·赫希(Josephine Hirsch),约瑟芬·赫希的姐姐埃米莉(Emilie)嫁给了赫斯的兄弟撒母耳(Samuel)。1860 年初,生育有两个小孩的埃米莉去世了。因而,约瑟芬就承担了对这两个小孩的照顾工作,后来,她成为了撒母耳·赫斯(Samuel Hess)的第二任妻子。参见 Edmund Silbemer: *Moses Hess Briefwechsel* (The Hague, 1959), p. 374;Edmund Silbemer: *Moses Hess: Geschichte Seines Lebens*(Leiden, 1966), p. 403。

一幅激情燃烧的美丽画卷再一次栩栩如生地浮现在我的面前：我的人民紧紧地团结在我们祖先的遗产、圣地（the Holy Land）与永恒之城周围，这是我们信仰神圣的统一生活和未来诞生兄弟般友爱关系的地方。

这个想法在我心中已经蠢蠢欲动很多年了，它现在正在寻找一个释放的窗口。但是，在原来的道路上，我缺乏一种突然转向的力量，使得自己越发偏离了通往犹太教的方向和道路，然而，一条新的道路一直都浮现在我的眼前，尽管这条新道路的距离和轮廓仍然模糊不清。

极力贬低妇女对犹太教发展的巨大作用的那些人是多么愚蠢啊！他们能够逃离埃及，难道不是因为犹太妇女的虔敬和纯洁吗？他们未来的拯救，难道不是犹太妇女带来的吗？

每当我看见你痛苦和悲伤时，我那沉睡的民族情感又会重新浮现在我的心头。我发现，从你的信仰深处涌现出的力量是一种永恒性的力量。

你那失去故国的无尽悲伤，促使我自己决定成为一名自己民族复兴的捍卫者。你的爱，就像慈母般的爱一样，源源不断地从你的血液中奔涌，但却纯洁如上帝之灵；只有犹太人的心灵才能感知这种纯洁和无尽的家庭亲情。

只有犹太人才能把母亲的爱变成健康的本能之爱。亚历山大·威尔（Alexander Weill）曾经这样描绘一位犹太母亲，"一位正直的犹太母亲需要去关心爱吗？爱是一种邪恶的偶像崇拜。一个犹太女人应该仅仅只爱上帝、她的父母和她的儿女。"康佩特（Kompert）的那位年纪偏大的老祖母说，"上帝不能遍及所有地方，因此，祂创造了母亲（Mother）。"……"在犹太人的故事中，母爱——它的深沉与神秘——

是整个家庭生活的基础。在所有的犹太小说中，我们都可以找到这种类型的犹太母亲。此刻，我看见一位犹太母亲的光辉形象就屹立在我的面前。她的脸色苍白无光，但宁静安详；忧郁的微笑徜徉在她的嘴唇上；她那深沉的眼睛似乎在凝视遥远的未来。"

只有当我自己的母亲出现在我的面前时，我才能准确地描述一位犹太母亲。当我还是一个十四岁的小男孩时，我就失去了母亲，不过，在之后的岁月中她却常常闯进我的梦里。一切就好像在昨天一样，我时常想起她来波恩（Bonn）看我时所说的话——那时我大概七岁——这些话深深地刻在了我的灵魂深处。当时我们全都躺在床上，我刚刚做完了晚上的祷告。她激动地对我说："听着，孩子，你必须用功学习。莫里基（Moh'rich）是我的其中一位祖先，而你又幸运地可以从你祖父那里得到教育。谚语有言，在祖孙一起学习《托拉》（Torach）的地方，上帝的教诲就必定会世代相传。"

代际间的这种爱是上帝理智之爱的自然源泉——按照斯宾诺莎（Spinoza）的说法——也是心灵所能达到的最高之爱。犹太人的这种家庭亲情之爱永远不会枯竭，它是人类的希望所在。

犹太家庭的这位神圣创造者（the Divine Genius）在祂的神启中说道："地上的万族都要因你得福"（In thee shall all the families of the earth be blessed）。①

每一个犹太男人都应该成为弥赛亚（Messiah），每一个犹太女人都应该成为圣母玛利亚（*Mater Dolorosa*）。

————————

① 参见《创世纪》（Genesis）第十二章第 3 节（xii, 3）。

第二封信

悲伤和喜悦会相互传染。我的朋友,你把关于死亡与复活的思想灌输进了我的头脑。在此之前,我从没有去过墓地,但是,现在这种地方却深深地吸引了我。由于我母亲的早逝,我第一次去这种地方是埋葬她的地方,后来在我离家期间,他们又把我的父亲埋葬在了那里。我已经忘记了犹太人通常会在墓地所作的那些祷告,我的嘴唇不知不觉地喃喃低语起了十八祝福里面的第二个祝福的一个片段:"噢,上帝,您的力量永远那么强大,您让死者复活……"我突然注意到,一朵花瓣孤零零地矗立在附近的坟头。我无意识地摘下了它,把它带回了家,并把它放在了我的书页中间。直到后来,我才知道那座坟冢下面埋葬的是谁的遗骸。我当时就知道,正如那朵花一样,这个珍宝只属于你一个人。

在死者与生者之间存在着众多神秘的联系,尽管它们似乎永远是一个未解之谜。不只是你的美梦,我在清醒状态下就经历过逝者对那些仍然在世的生者的命运施加影响的事情。"逝者的灵魂会继续在精神世界里存活。"因此,我真的也热爱死亡。然而,我就一定要厌恶生命吗?不,我也热爱生命,只不过我喜欢像这几个世纪以来最伟大的思想家斯宾诺莎那样思考生命。越人道和越神圣,生命也就越虔敬,生命与死亡也就越无差别。

只有犹太人把生命与死亡提高到一个相同的高度来看待。然而，他们从来没有放弃生命，相反，他们紧紧地把握生命。一千八百年前，有一位犹太人——异教徒把他奉为救世主——发现了一个在地球之外可以撬动地球的阿基米德式支点（Archimedean fulcrum）。①

这个支点——历史上的犹太教与古印度宗教存在共同之处——就是闪族语系（Semitic）和印度日耳曼语系的世界观（Indo-Germanic Weltanschauung）之间有共同的要素（common factor）。正是这颗种子长出了中世纪、基督教和现代的科学人生观。正典经书中的这两个历史民族，它们通往神圣的方法和拯救的道路都是在对禁欲进行有节制地使用的过程中发现的。然而，对于印度日耳曼语系这个民族而言，他们的沉思精神并不适合于积极地参与人类的历史进程，这种禁欲逐渐地退化成一种对生活的完全摒弃与拒绝。（婆罗门教［Brahmanism］与佛教［Buddhism］）。另一方面，犹太人在最开始就怀有神圣的历史使命，这不仅表现在他们的个人生活方面，也表现在他们的社会生活方面。他们的目标就是促进人类的发展，并为融洽和谐的生活作准备，这是社会演化的最终目的——一个弥赛亚国家（a Messianic State）应该达到它所启示的属灵的神圣本质，而且也应配得上它的神圣性。只有那种历史性宗教——在同自然力量的斗争中它意识到了个人与民族的发展阶段和确信了上帝的最终胜利——无需放弃生命来寻求安慰和达到神圣。当然，那些背负着"天国"（Heavenly Kingdom）的枷锁、心怀历史使命而又奉行神圣计划来改造世界的人，肯定不是躺在玫瑰花床上的那种人。

——————————

① 赫斯在这里实际暗指了阿基米德的那句名言："给我一个支点，我将撬动地球"（Give me a place to stand and I will move the earth）。

　　在关于上帝的学问方面,犹太人一直都是这方面的伟大教师。我们犹太民族不仅创造了古代史上最伟大的宗教,并使它成为现代文明世界的共同财富,而且,随着人类社会的进步,我们犹太民族还在不断地推动它向前发展。这个使命会一直伴随着犹太人,直到世界的尽头(The End of Days),按照我们先知们的预言,到了世界的尽头之时,我们对上帝的认识将会充满整个世界。先知们经常谈及的"世界的尽头"(The End of Days)不是一般人所误解的世界的末日(The End of The World),而是人类的发展和能力所将达到的最高阶段。

　　我们正处在历史的安息日(The Sabbath of History)的前夜,因此,我们应该借助于对我们宗教的整全理解,进而为我们自己最后的使命作好准备。

　　如果我们不理解犹太人所创造的这些著作的核心观点,那么,我们就不可能正确地理解圣经中的每一个字。没有什么东西会比单个个体的利己主义的拯救更让人感觉陌生了,按照现代人的观念,这种利己主义的拯救是宗教的首要关怀。犹太教从来不会把个人从家庭中割裂开来,不会把家庭从民族中割裂开来,也不会把民族从人类中割裂开来,更不会把人类从有机的宇宙万物中割裂开来,当然,也不会把这些事物同造物主割裂开来。犹太教唯一的教义就是教导人们和谐(unity)。但是,这个教义不是死的,也不是外部强加的,更不是空洞无价值的,而是它自身就富有生命力和创造力。犹太教根植于家庭之爱;它成功地发展出爱国主义和民族主义,并且,将来它也一定能成熟地培育出焕然一新的人类社会。犹太教和其他宗教有着共同的命运——后者凝固成僵化的教条,并最终消失于同现代科学的激烈冲突之中——犹太教不是其自身崇高的上帝观的创造者,犹太教的宗教教义也不是其自身生活经验的产物。犹太教不是一种被动型的宗教，而是与犹太民族主义存在有机联系的一种主动型的知识（an active knowledge）。最重要的是，数千年来，犹太教一直是一个民族，它的历史同人类发展的历史相一致。犹太人是一个民族——过去它一度是社会复兴的重要精神力量——现在这个民族注定要同其他文明国家一同复兴。

第三封信

《旧约》(*Old Testament*)并没有提及不朽的观念,对此,你或许会深感诧异。在基督徒的观念中,如果摩西和先知信仰另外一种生活的话,那么,他们肯定会明确地说出来——就像《新约》(*New Testament*)的那些作者所作的那样——并且,他们也不会仅仅在这种生活中应允奖赏和惩罚。我并不否认下述这个事实:《旧约》根本没有提及这种类型的不朽。然而,当你责备我们的圣典(Sacred Scriptures)在这方面的沉默不语时,你却又忘记了创造这些圣典的犹太天才这一观念。正是由于这种观念,个人才没有从他的部落中分离开来,民族也没有从人类中分离开来,万物也没有从造物主那里分离开来。你忘记了我们的圣典——其中根本没有提及不朽——在犹太民族衰落之前就出现了,因此,它们不可能含有任何的复兴观念。只有当他们开始感觉到国家衰亡首次降临之时——早在第一圣殿(The First Temple)末期就出现了民族灭亡的观念和民族重生的希望——犹太人中间方才出现这种不朽的观念。复兴的观念与民族衰亡的情绪同时出现。在注定要永远灭亡的民族与注定要复兴的以色列民族之间,先知以赛亚(Isaiah)早就对此进行了明确的区分,以色列民族是属灵的民族,它暂时的死亡仅仅只是弥撒亚王国临产前的

阵痛而已。(《以赛亚书》26：14－19)①

　　犹太人的不朽观念同犹太民族对弥赛亚的信仰密不可分。"天地万物的目的将会随着弥赛亚及弥赛亚王国的到来而实现，"拉比约查南(Rabbi Jochanan)这样说道。"所有的先知，"他补充说道，"在他们所作的预言里都说到了弥赛亚王国；至于未来的生活，这只有上帝知道。"即使在之后的拉比犹太教(Rabbinic Judaism)中，来生的观念也没有完全与弥赛亚王国的观念明确地区分开来，尽管它不断地被拉比们(Rabbis)所推动。与迈蒙尼德(Maimonides)相反，纳基曼德(Nachmanides)坚持认为，对未来的这两种希望实际上是完全相同的。对于犹太教而言，几乎没有必要对属灵的永恒性作一番特别的强调，因为，它的整个历史都是这种观念的一种具体化。

　　甚至早期的基督教——也即是基督教的创立者还没有来得及把基督教从历史上的犹太教分离出来之前——仍然以犹太教的观念为基础，包括死者的复活、神圣的上帝国以及未来的世界只可能发生在以色列复兴的弥赛亚时代。这是一种上帝国或者属灵的统治，犹太教的"主祷文"(Paternoster)由衷地祈祷上帝国或者属灵的统治的到来。有关生与死的犹太教属灵问题的最新表现形式包含在斯宾诺莎(Spinoza)的教义之中。这种教义很排斥——不管是以唯心主义的方式，抑或是以唯物主义的方式——清除了统一性的生活的那种不朽

────────

　　① ［中译按]他们死了，必不能再活。他们去世，必不能再起。因为你刑罚他们，他们的名号就全然消灭。耶和华阿，你增添国民，你增添国民。你得了荣耀，又扩张地的四境。耶和华阿，他们在急难中寻求你。你的惩罚临到他们身上，他们就倾心吐胆祷告你。妇人怀孕，临产疼痛，在痛苦之中喊叫，耶和华阿，我们在你面前，也是如此。我们也曾怀孕疼痛，所产的竟像风一样，我们在地上未曾行什么拯救的事。世上的居民也未曾败落。死人(原文作你的死人)要复活。尸首(原文作我的尸首)要兴起。睡在尘埃的阿，要醒起唱歌。因你的甘露好像菜蔬上的甘露，地也要交出死人来。(《以赛亚书》26：14－19)

观，把"人人为己"（every man for himself）的利己主义原则提升到最高级的宗教原则和道德原则。没有哪一个民族能像犹太人那样清除这种利己主义。犹太人一直都是满心欢喜地接受那种一同共担责任的观念。

共担责任的犹太律法——"所有以色列人都要彼此负责"（All Israelites are responsible for one another）——通过上帝名义下神圣的、也即著名的哈希姆祝祷文（Kiddush Hashem）①所表达出来。确实，按照《祖先的箴言》（*Sayings of the Fathers*）的说法，"人人为己"这种庸俗的道德原则被视作是一种共同的恶。没有什么会比"圣民"（am-haaretz）②只同富人互换位置地一起进行分享的方式更美好了。第三，哈西德派（Chasid）的观点是，"我的就是你的"（What is mine is thine），而不觊觎别人的财富。与其相反的准则则是邪恶之人的准则。

不过，阿伯特（Aboth）却持另一种观点，他认为，我们不应该像奴隶那样仅仅只为了报酬而劳作，而是应该像儿童那样完全出于对全能造物主的尊崇而进行神圣的劳作。劳作必须是自由的；劳作必须来自于内心的召唤、美妙的乐趣、对成功的渴望以及完全的自我满足感。这种教诲可以完全无视那种不朽的观念和另一个世界的回报。

---

①　［中译按］祝祷文（Kiddush）：犹太教礼仪，一般在安息日或者重要节日前夕的晚餐前举行，举起酒杯诵读祝词和祷文，宣告圣日开始。通常由家长诵读，家里所有成员都可以参加诵读，诵读后每人从杯中啜饮一口酒。

②　［中译按］*Am ha'aretz*（עם הארץ）——英译作 The People of The Land——是《塔纳赫》（Tanakh）当中的一个词语。《塔木德》把 The People of the Land 指代作"未受教育的犹太人"，由于无知，他们很可能在遵守戒律方面疏忽大意，这个词语把"粗鲁/质朴"（rustic）同"粗野"（boorish）、"野蛮"（uncivilized）、"无知"（ignorant）的涵义结合在了一起。在和合本《圣经》中，The People of The Land 中译作"国民"、"这地的民/百姓"、"国中/国内的众民/百姓"或者"地上的众民"，等等。

按照斯宾诺莎和所有的犹太圣徒的说法,任何个体都不能被看成是独立的实体,相反,个体是集体的一部分;如果没有集体,那么,个体什么也不是。斯宾诺莎认为,来生并不会在我们死后开启;同上帝一样,它一直都属于当下。

只有极少数高贵的属灵事物才能激励犹太圣徒。每个人都希望拥有来生。世界的尽头(End of Days)——到了世界的尽头之时,我们对上帝的认识将会充满整个世界——仍然很遥远。然而,我们民族的神圣精神总有一天会变成人类的共同财产。整个世界总有一天会变成圣殿,上帝的灵就能居住在那里。因此,《圣经》中所宣称的属灵的王国也将会在未来中到来。长期以来,这种预言性的宣言往往被理解成为一种来世的东西,因为,它与现世的生活毫无共同之处。斯宾诺莎是第一个把这种属灵王国理解为一种现世生活之人。它随着斯宾诺莎而开启。不过,属灵的统治现在还只属于远未成熟的萌芽期。现代国家沿着犹太民族所开启的方向发展。德国扫清了哲学之路上的疑团。(大革命之后的)法国则为所有民族的政治变革与社会变革打开了一条更为宽广的道路。英国则虽然进展缓慢,不过仍稳步地朝着他们既定的工业化进程前进。

很久之前,犹太人就感到犹太民族的复兴必须依靠自身的努力,而且,他们已经赢得了世界各地的政治性运动与社会性运动的支持。当然,对于我们民族的复兴而言,除了这种支持,我们民族自身也要加倍努力。当我为自己民族的复兴而奋斗时,毋庸置疑,这绝不意味着我要放弃我自身的人道主义理想。

第四封信

德国人的教育似乎与我们的犹太民族主义主张不相兼容。如果我不是曾经生活在法国的话，那么，我肯定不会对犹太民族主义的复兴心生兴趣。环绕我们的社会环境决定了我们的观念和奋争（strivings）。像每一个完整的个体一样，每一个完整的民族也都有其特殊性。毋庸置疑，每一个人、每一个民族都是一种政治性的动物，或者，正如我们今天所说的，都是一种社会性的动物；然而，在这个社会性的世界本身当中，每一个民族本性上都有其特殊的品性。我以前的出版人奥托·维根德（Otto Wigand）——我先前向他展示了一本关于犹太民族主义主张的著作大纲——有一次写信给我道："民族主义的整个趋势与我的纯粹人性是完全相反的。"这位德国人非常强调自己"纯洁的人性"（pure human nature）。因此，他对种族偏见并没有一种清晰的观念。在其利己主义和精神志趣上的奋斗过程中，这位德国人看到的不是纯粹德意志式（German）的或者日耳曼式的（Teutonic）的表达（expressions），而是"人道主义的倾向"（humanitarian tendencies）；这位德国人并不知道，他其实仅仅只在理论上遵从后者，而在实践上他却遵守前者。

有教养的德国犹太人（The cultured German Jews）似乎有充足的理由来拒斥犹太民族主义运动。同我的那位出版人一样，我的一位老友贝托尔德·奥尔巴赫(Berthold Auerbach)①对我也甚是失望,尽管他的失望的理由不是基于"纯粹的人类良知"(pure human conscience)。他对我的态度进行了严厉地抱怨,而且,他最后叫喊道:"谁立你作我们的首领和审判官呢?"②因为,憎恨犹太人的情绪包围着他,德国犹太人只想扔掉所有同犹太性有关的东西,彻底否认自己的犹太民族身份。对于有教养的德国犹太人而言,犹太宗教的改革都是不够彻底的。但是,所有的努力都是徒劳的。甚至连洗礼本身也不能把他从憎恨犹太人的情绪中拯救出来。我自己就从我的对手和朋友那里经历了这种事情。在每一场个体性的战斗中,他们都使用那种"咳咳"的暴动口号这种武器(the weapon of HEP),③在德国,这种武器很少不发挥其作用。德国人憎恨犹太人的宗教仅次于作为犹太人的种族。没有哪种"激进"(radical)改革(之所以这么称呼,可能是因为它试图把犹太教连根拔起)、没有哪种洗礼、没有哪种教育,也没有哪种解放,能够完全开启德国犹太人社会生活的大门。因此,他们急切地否认自己的犹太血统。更改姓氏是他们实现这个目的的最好方法,因为,一个全新的姓氏至少看来去会更"现代化"(modernize)。

《塔木德》(Talmud)指出,埃及犹太人并没有因为所生存的环境的缘故而改变他们的姓氏和语言。因而,当这种做法变得习以为常

---

① [中译按]贝托尔德·奥尔巴赫(Berthold Auerbach, 1812 - 1882):德国犹太诗人和作家,他深受斯宾诺莎的影响,主要以田园生活的小说著名,此外,他是德国"倾向性小说"(tendency novel)的缔造者——这种"倾向性小说"认为,小说是影响公共意见——社会、宗教、道德和政治问题——的一种手段。
② 参见《出埃及记》(Exodus)第二章第 14 节(ii, 14)。
③ 关于"咳咳"这种反犹的战斗口号的武器(the weapon of HEP),参见本书第 28 页的注释。

时,他们证明自己比后人更值得救赎。甚至连我们最伟大的先知
(Prophet)和立法者(Law Giver)①都遭受了责难,因为,他向叶忒罗
(Jethro)冒充成一名埃及人,而不是一名希伯来人。正因为如此,他
要求安葬在圣地(Holy Land)的愿望落空了,而约瑟(Joseph)——他
从来没有否认他的希伯来血统——则被带到圣地安葬。

　　犹太民族是世界上少数几个保存着自己完整性的民族,尽管由
于受到气候的影响,他们自身也要不断地适应和改变。数世纪以来,
犹太人一直非常完好地保存了自己民族的纯洁性。在其所撰写的
《西奈与吉尔伽特》(*Sinai and Gelgatha*)一书中,施特劳斯(F. A.
Strauss)这样写道:"在埃及底比斯城(Thebes)西边的缓坡上——死
亡之城(The City of the Dead)也坐落在这个缓坡上——有一座古代
皇室御用的一名建筑师的陵墓,在陵墓上面绘有他所监督建造的不
同建筑。根据铭文,我们了解到这座陵墓大约建造于摩西时代,并
且,我们还可以清楚地看到,这些亚洲奴隶所建造的浮雕同现在的犹
太风格具有很强的相似性。"②同样地,之后的埃及纪念碑也向我们表
明:当时的犹太人的浮雕与我们当下的犹太风格具有十分惊人的相
似性。

　　在古代,许多国家都残酷地压迫和蹂躏过犹太民族,如果不是犹
太民族顽强地坚持自己的民族秉性,那么,犹太民族很早就淹没和消
失在了茫茫的印度日耳曼语系的众民族之中。如果说犹太教的不朽
性归功于犹太人在宗教上的巨大天赋的话,那么,这种天赋本身则要
归功于犹太民族超强的繁衍能力。圣经(Bible)上说:"只是越发苦害

━━━━━━━━━━

　　① 〔中译按〕这位最伟大的先知(Prophet)和立法者(Law Giver)指的是先知摩西
(Moses)。
　　② 施特劳斯(F. A. Strauss):《西奈与吉尔伽特》(*Sinai and Gelgatha*),第69页。

他们，他们越发多起来，越发蔓延……他们生养众多、遍满地面。"①这是埃及犹太人写下的，同时也是他们在第三次大流散（The Third Exile）期间的真实写照。

在整个世界范围内，犹太民族都要比其他民族更能适应周围的环境。正如犹太人的故土巴勒斯坦，那里出产南方和北方的众多物产，因此，这个民族在各种气候条件下都能够兴旺发达。

我不可能对自己的民族怀有任何的偏见——我们民族在世界历史中曾扮演过重要的作用，在将来也注定要扮演重要的作用——因此，我不可能宽恕那些对我们祖先的神圣语言怀有偏见之人。因为，他们希望希伯来语完全要从犹太人的生活中根除，甚至连犹太人墓地上的碑文也要被德语碑文所完全取代。一直以来，我都深受希伯来祷告的启迪。在我的耳旁，我似乎听到了他们热切的恳求声和苦苦的哀求声，要知道这是从一千代人受伤的心灵深处发出来的呐喊呀。对于那些理解它们涵义的人，这些摄人魂魄的祷告几乎没有不产生共鸣的。

对于这些希伯来祷告，最激动人心的事情莫过于他们是全体犹太人内心的共同呼唤；他们不是为个人祷告，而是为整个民族祷告。一位虔敬的犹太人首先是一位犹太爱国者。"新式的"（new-fangled）犹太人——他们拒斥犹太民族主义——不仅是一位宗教信仰上的背教者，而且还是一位自己民族与家庭的叛徒。如果犹太人的解放与犹太民族主义的确水火不容，那么，犹太人就必须选择牺牲解放。然而，对于所有曾经接受过犹太教育的人来说，犹太人必须首先是一位犹太爱国者，这是不证自明的。犹太人的爱国主义是一种自发的感

---

① ［中译按］参见《出埃及记》第一章第12节。

情;它根本不需要去证明,也不需要多费唇舌。

我的祖父曾经给我展示过一些橄榄和枣椰。"这些水果都是在以色列的土地上(Eretz Israel)培育出来的!"他满脸自豪地告诉我。巴勒斯坦的所有事物都被虔敬的犹太人视为珍宝,它们就好像是祖先的房子里所遗留下来的神圣遗物一样。一个广为人知的习俗是,在大流散(Diaspora)①时期去世的所有犹太人都要从巴勒斯坦掘取一块泥土到他的坟前。否则,死者将得不到安息,因为,只有在圣地的泥土下才能得到安息和复活。这个习俗不仅仅代表了一种宗教上的戒律或者鼓励了一种迷信的观念。事实上,它更像是在住棚节(Festival of Tabernacles)②上所使用的枸橼(citron)和棕榈枝(palm branch),就像巴勒斯坦的泥土一样,要从那里输入这些东西,这可要花费不小的代价。犹太人所有的宴会与斋戒、犹太人对传统的极度虔敬和尊崇(几乎把所有的希伯来事物神圣化),甚至犹太人的全部宗教等等,所有这些都起源于犹太民族的爱国主义。犹太宗教的主要内容就是犹太爱国主义。从犹太民族中解放出来的所谓犹太"改革派"(Reformers)对此极为谙熟。因此,他们对自己内心真实情感的表达持一种非常审慎的态度。即使是对于简单而又自然的这种爱国主义感情,他们也在寻找一种双重的指向:一种是理想的指向——爱犹太教,一种是现实的指向——爱寄居国,他们会根据现实的需要而二择其一。

拒斥犹太民族主义而不危及犹太教的延续,这只是近来才出现

①［中译按］大流散(Diaspora):指的是犹太人于公元前538年被逐出故土后散居各地。
②［中译按］住棚节(Festival of Tabernacles):犹太人节日,它是为纪念犹太先祖在旷野中风餐露宿的生活而设立的一个节日。

的观念。这种观念是由德国人新近发明的，我们没有必要予以认真地对待。斯宾诺莎仍然把犹太教视为一个民族(a nationality)，①并且认为，犹太国家(Jewish State)的恢复仅仅只需要依赖犹太人民自身的意志和勇气。即使是理性主义的门德尔松也全然不知道一个世界主义的犹太教。

我总是深情地回忆起自己孩童时代所亲眼看到的那幅画面：当圣殿被毁的纪念日临近之际，我那虔敬的祖父在他波恩的家中那番令人悲恸的场景。在阿布月(Ab)的前九日，哀悼期——哀悼期始于这个月第九日(这个月的第九日具有重要意义)的前三周——呈现的都是一副令人悲伤的画面。在犹太民族最悲伤的这几天时间里，即使遇到了安息日(Sabbath)，那也要脱下代表欢乐的节日盛装，这也意味着这个安息日是一个"黑色安息日"(Black Sabbath)。

我的祖父是一位备受尊敬的学者，尽管他没有用《托拉》当作自己的维生之道，但是，他拥有拉比的头衔和知识。每天晚上，在结束了自己白天的日常工作后，他就开始研究起《塔木德》直到深夜。只有在这"九天"(Nine Days)的时间里，他才会中断这种研究。不过，那时他会给自己的小孙子读犹太人从耶路撒冷流放的故事，一直持续到午夜。这位长着花白胡子的老人在阅读的时候眼含泪水；我们这些小孩子也止不住流泪和哭泣。我还记得其中有一个段落尤其让这对爷孙俩备受感染：

"当以色列的儿女被尼布甲尼撒(Nebuchadnezzar)的士兵捆着锁链押往巴比伦时，他们所走的苦路刚好要经过母亲拉结(Mother

---

① ［中译按］在维克斯曼译本中，英译者把这句话译作成：斯宾诺莎认为犹太教是建立在民族主义基础上的。

Rachel)的坟墓。当他们就要走近经过这座坟墓时，'哀嚎与痛苦的哭泣'不断地传入耳畔。那是拉结的声音，她正为自己儿女的不幸命运而从坟墓中发出了悲凉的恸哭。"①

确实，犹太人的全部生活和全部的爱都围绕着孩子打转。在犹太人的心中，爱太过丰盈而不能只局限在一代人身上；爱需要流溢给后几代身上。犹太人的爱之所以照看得如此遥远，是因为犹太人中间产生了如此之多的神圣先知。在犹太人中间，无子女的人父人母无任何的立足之地，这种悲伤不言而喻。按照我们的拉比的说法，没有小孩的人应该像死人一样受人哀悼。

在这里，你可以再一次清楚地看到犹太人信仰不灭的力量源泉；它源于我们家庭的爱。我们信仰的永恒性可以到达遥远的族长(Patriarchs)时代，也可以到达未来的弥撒亚时代(Messianic Age)。我们犹太社会这种不灭的信仰都起源于犹太家庭。

犹太教的精髓或者根基在于犹太家庭的爱，犹太教的主干是犹太爱国精神，我们民族最美丽的信仰之花现在已经枯萎成一种对原子式的个体灵魂不朽的信仰。当精神与物质的现代二元论(这是基督教从犹太教分离出来的一个结果)在最后一位基督教哲学家笛卡尔(Descartes)那里达到了其最高的表达和抹杀了所有的生活的统一性时，犹太教再一次地在自然与历史中出现了一种对永恒力量的信仰；今天这种信仰可以起到一种对抗这种精神利己主义和物质个人主义的作用。

---

① 参见《耶利米书》第三十一章第 14 节(Jeremiah，xxxi，14)。
　[中译按]这段经文出自于《耶利米书》(Jeremiah)第三十一章第 15 节："痛哭的声音，是拉结哭她儿女，不肯受安慰，因为他们都不在了。"维克斯曼译本的这个注释所给出的圣经章节顺序是按照犹太教而非基督教的圣经章节顺序，这两种版本的圣经章节顺序略有不同。

由于基督教二元论在理论上已受到了斯宾诺莎的致命打击,所以,在现代世界中所遗留的古代犹太人的生活方式可以借助其健康的家庭生活,进而在实际生活中充当作这种二元论弊病的解毒剂。即使到今天,犹太家庭生活在文学、艺术和科学方面的有益影响仍然值得注意。当我们将拥有我们自己的民族历史和本族文学,当《托拉》将再一次地从锡安(Zion)发布和上帝的话语将再一次地从耶路撒冷下达时,这种影响当有多么巨大啊![①] 这个预言是唯一一个被众多先知所反复重申的预言,它已深深地镌刻在我们民族的整个宗教之中。

---

① 《弥迦书》(Micah.),第四章第 1 节;《以赛亚书》(Isaiah.),第二章第 2 节。"末后的日子,耶和华殿的山必坚立,超乎诸山,高举过于万岭。万民都要流归这山。"

第五封信

我是否真的相信犹太人的大流散（The Exile）是一种救赎？你向我提出了这个问题，并且，你还向我提醒道，我的前两本书——《人类的神圣历史》（*The Sacred History of Mankind*）和《欧洲的三头政治》（*The European Triarchy*）——信心满满地鼓吹犹太弥赛亚的降临。你触及的这段历史提醒了我：作为一名作家，我应该要为之前所说的观点负责。现在我就给你讲一些自己过去的标志性事件，好让你明白我此时的观点是怎样形成的。

时间倒回到二十年前，尽管那时我仍对犹太教敬而远之，但是，在那个时候我就已经有一种表达自己内心的犹太爱国主义情感的强烈欲望。当时发生的大马士革事件（Damascus Affair）①导致了专门针对犹太人的荒唐指控——今天仍然同两千年前一样，人们对犹太人的所有中伤污蔑依旧深信不疑——亚洲暴徒与欧洲暴徒的粗俗与

---

① 〔中译按〕大马士革事件（Damascus Affair）：大马士革事件发生在 1840 年，它的起因是犹太人被控谋杀了一名基督教僧侣以举行宗教仪式，最终导致了大马士革犹太社区的 13 位著名成员惨遭逮捕；这些被告惨遭奥斯曼当局的监禁和酷刑，同时引发了民众对当地犹太教堂的攻击和抢劫。这次事件引起了国际社会的广泛关注，各方在8 月 4 日至 8 月 28 日在亚历山大里亚一同进行了协商谈判。最终，这 9 名仍然活着的囚犯最终得到了无条件的释放，并承认他们是无辜的，同时还发布了一项旨在停止血祭诽谤（blood libel）指控在奥斯曼帝国蔓延的法令。

残忍行径,使得犹太人内心涌出了一种仇恨但又情有可原的悲愤。就在我正在为社会主义事业奋斗之时,这次事件使我第一次明白,自己属于一个被人任意诽谤的民族,它散居世界各地,被全世界的人民所抛弃,但却一直没有灭亡。尽管那时我已疏远了犹太教,但是,我却很想表达自己内心极度压抑和痛苦的爱国情感,然而,自己心中的这种痛苦很快就被欧洲无产阶级那种更大的痛苦所淹没。

在其他国家,冲突只发生在不同的党派之间,但是,德国的冲突却总是发生在自己的党派中间。与我同属于一个党派的那些成员促使我对德国人的志向深感厌恶,在高奏凯歌的反动派急转直下之前,他们的所作所为导致我流放了数年,一种自愿式的流放举动也不得不变成了一种非自愿式样的流放举动。在这场反动的政变(*coup d'état*)①之后,②我从政治活动中退隐出来,不再参加政治,并把自己的全部精力转移到了自然科学上面。老练的阿诺德·卢格博士(Dr. Arnold Ruge)——他是青年黑格尔派(Veteran Young Hegelians)③的信徒——对我的工作(他称之为唯物主义)大感震惊;他从未原谅"共产主义拉比摩西"(Rabbi Moses of the Communists),因为,他信奉了一种异端邪说,抛弃了正确的"理念"(Idea)。但是,自从意大利的解放战争爆发以来,我发现,我的人类学研究和现代民族运动之间存在着极大的关联,对我而言,这场战争起到了巨大的推动

---

① 赫斯所说的"这场反动的政变"(the *coup d'état* the reaction)指的是1849年普鲁士在德意志所镇压的那场人民革命。

② [中译按]在布鲁姆译本中,"在这场反动的政变(*coup d'état*)之后"译作"在拿破仑三世(Napoleon III)发动政变(*coup d'état*)之后"。布鲁姆所作的这个译文可能存在着错误。

③ 青年黑格尔派(Veteran Young Hegelians),亦称作黑格尔左派,他们对黑格尔哲学持一种激进解释的立场。青年黑格尔派的追随者主要是革命者和社会主义者。卢格是他们的一位主要领袖之一。

作用。如果以后有机会的话,我会告诉你我的一些研究结论。现在,我可以足够自信地说,这些研究使我坚信,所有国家的霸权统治都会有衰落的一天,所有被压迫的民族也总有复兴的一天。最重要的是,自己的民族开始越来越强烈地俘获我的心灵。我的那些不幸的兄弟们的影像——在我年轻时,这些影像就一直环绕着我——重新浮现在我的眼前,长期压抑的情感也开始喷薄而出。在大马士革事件期间,悲痛只是暂时的,现在悲痛却持续地萦绕在我的心中。我不再压抑自己内心的犹太人意识;相反,我要热情地跟随它的脚步,当我发现自己以前的手稿冥冥之中支持了我现在所作的这种努力时,我更感到了一种由衷的惊奇。

接下来的这些段落是我在 1840 年写下的,当时我用如下的方式记述了大马士革事件:

"如果要正确地理解对犹太人的这种迫害,那么,就必须回溯到犹太教那里。在宗教狂热的黑暗时代,尽管西方犹太人(Occidental Jews)受过良好的教育,但是,犹太人与欧洲各民族之间仍存在着一道巨大的分离之墙。为了获得解放,我们那些犹太兄弟努力地说服自己和其他人相信,现代犹太人根本就没有任何犹太民族主义的意识或者感情了,他们现在真的没有什么想法了。这些人不明白 19 世纪的欧洲人怎么可能会相信这种愚蠢的中世纪式谎言呢!对于我们这种受过良好教育的德国犹太人来说,德国人对犹太人的憎恶感仍然是一个没有答案的未解之谜。自门德尔松以来,德国犹太人不是努力地像德国人一样感觉和思考吗?他们不是都在竭尽全力地向更为彻底的德国化方向发展吗?他们不是在努力地抹去自身所有的民族痕迹吗?他们没有在'解放战争'(War of Liberation)中战斗吗?

他们不是狂热的德国人（Germanomaniacs）和极度地憎恶法国人
（Francophobians）吗？

"我忘记了，在他们的解放战争（War of Liberation）结束后，德国
人不仅拒斥与他们一起抗击法国的犹太人，而且他们甚至用'咳咳'
的呼喊声（the cry of 'Hep-Hep'）①来进一步地迫害他们。一个人不
可能既是一名亲德派（Teutomaniac），同时又是犹太人的一名朋友，
这两者水火不容。真正的亲德派——例如阿恩特（Arndt）与詹恩
（Jahn）这类人——是反动的非利士人（Philistines）。在德国，那些口
是心非的爱国者所说的爱国，实际上他们爱的不是国家（State），而是
种族统治（racial domination）。

"法国人用一种无法抗拒的巨大吸引力同化着每一个外来民族。
在法国，即使是犹太人也会被视为是法国人。杰斐逊（Jefferson）在
很早的时候（也即是美国革命期间）就说过，每一个人都有两个祖国：
一个是他自己的故土（native land），一个是法国。然而，德国人并不
想吸收任何外来的文化，他们只想排他性地占有德国。德国人缺少
吸收外来文化的主要化学性条件，也即是热情。

"只要犹太人经受住了所有的迫害和屈辱——犹太人认为迫害
和屈辱全都是上帝的惩罚——他们确信犹太民族的复兴肯定就指日
可待，犹太人的骄傲也肯定不会受到损害。犹太人唯一的使命就是

①　[中译按]德国的"咳咳"暴动（Hep Hep riots in Germany）：1819 年和 1830 年
德国发生了一系列的反犹暴动；"咳咳"（Hep Hep）指的是一种反犹的战斗口号，Hep
Hep 可能是由 Hierosolyma est perdita 的首字母组成的一个词，传说是十字军东征时
期的一个反犹口号；据猜测，这个十字军口号很可能是表达"耶路撒冷陷落了"之意，不
过，这个口号的确切起源仍然有些模糊不清。参见 Ken Koltun-Fromm, *Moses Hess
and Modern Jewish Identity*, Bloomington：Indiana University Press，2001，p. 54；塞
西尔·罗斯：《简明犹太民族史》，黄福武、王丽丽等译，山东大学出版社 2000 年版，第
419 页。

保全自己和自己的民族,犹太民族过去遭受过的所有伤害,未来都会得到补偿,因为,这是对犹太民族忠诚信仰的奖赏。然而,那些"开明的犹太人"(enlightened Jews)已经没有了这种坚定的信仰,也没有了这种坚定的希望。对于他们而言,每一个错误的指控都会立即变成对他们公民身份的冒犯与他们荣誉的侮辱。即使有一位犹太人成功地成为了一名议员或者一名代理人,甚至成功地成为了一名内阁要员,那么,这又有什么要紧呢? 解放对犹太人而言根本没有任何益处,因为,只要'犹太人'这个耻辱性的名号一直伴随着他,那么,任何人都可以拿这个来做文章。

　　"只要犹太人继续否认自身的犹太民族性(但是,即是他否认了自己的犹太民族性,那么,他也不能同时否认自己的个体性存在),只要犹太人不愿意承认自己是那个受迫害的不幸民族,那么,他的难堪处境就会变得越来越难以忍受。为什么要自己欺骗自己呢? 欧洲诸民族全都把在他们自己中间的犹太人视为一种反常的存在。在这些国家中,我们仍然是陌生人;只要我们把"哪里过得好,哪里就是祖国"(*ubi bene ibi patria*)这个原则置于我们自己民族的伟大传统之上,他们也许会容忍我们,甚至也许会出于人道主义而解放我们,但是,他们永远也不会尊敬我们。然而,尽管经历了启蒙运动与解放运动,以至于文明国家里的那些宗教狂热分子或许不再会满怀仇恨地死咬我们犹太人不放了,但是,流散各地的犹太人即使否认了自身的犹太人身份,他们也从未赢得所在国的尊敬。或许,他可能会因为入籍而成为他们所在国的一名公民,但是,他却不可能让非犹太人彻底相信自己已经完全脱离了自己的民族。那些年老而又虔诚的犹太人宁愿自己受苦,也不愿意否认自身的犹太民族本性。现代犹太人(modern Jew)是可鄙的,因为,当命运之手重重地压在自己民族身上时,他们就否认起自身的犹太民族性来。人性和启蒙这样的美好词汇——他如此慷慨地使用这样的美好词汇不过是为了掩盖他对自己民族的反感而已——并不能有效地保护他,更不能使他免受公众舆论的严格评判。更换了自己的姓氏、信仰和习俗,戴上了一千副面具,隐藏了自己的真实身份,偷偷摸摸地穿梭在这个世界,通过这些努力,别人或许认不出你是一位犹太人;但是,每一个更换过自己姓氏的犹太人都会发现,对犹太姓氏的每一次侮辱实际上都在折磨着你,他们所受的这种痛苦甚至比那些誓死捍卫自己姓氏的犹太人所受的痛苦更为强烈。"

当我正为欧洲无产阶级事业积极奋斗的时候,亲爱的朋友,这些就是我那时候的想法。在那个时候——当然,今天也一样——我的弥赛亚信念就是,世界上的文明国家都会得到复兴,并且,它们的复兴都会从原来一个较低的、被压迫的地位上提升到一个更为强大、更为突出的地位上。正如我在出版我的第一部著作时那样,今天我仍然相信基督教是人类迈向崇高目标——我们犹太先知将其称作弥赛亚时代(Messianic Time)——之路上的一个重要步骤。

在不否定犹太宗教的特征的情况下,已与科学和谐一致的犹太教可以完全信任基督教和充分认识到基督教的世界性影响力。为了征服异教世界,犹太教的女儿(the daughter of Judaism)不得不像对犹太教那样对异教信仰作出了许多的妥协。

基督教本质上是对犹太教和异教的古典传统(classical essence)的一种反叛。对于犹太教而言,这个世界过去是,现在也仍然是一种统一实体(an Unified Essence)的神圣产物。另一方面,对于在希腊所能达到的古典主义风貌(classical appearance)的异教而言,神圣、和

谐的统一体是世界永恒多样性的产物。犹太教的创造性精神并没有
随着其古典的创造性(its classical creation)的消亡而消亡，这是因为，
犹太人的造物主(The Jewish Creator)并没有被同化(absorbed)。另
一方面，古典异教则眼睁睁地看着自己的才智与文化一起消亡。这
些植根在地面的传统曾经滋养着它们，但它们随后却被席卷而来的
一波波民族浪潮洗劫一空。对于那些看到自身创造性精神和影响力
一起消亡的异教徒而言，当下这个永恒而和谐的多元世界总有一天
会被神明(the divine)所抛弃和荒废；而且，异教信仰将在犹太教的创
造性精神(犹太教的这种创造性精神与异教信仰自身的精神截然不
同)之下寻求避难之所。另一方面，只有那些远离了自己的世界，背
弃了犹太教和沉浸在垂死的异教世界的犹太人才能够满足异教徒的
信仰需求，以让他们能够从中奋起和用它来激励他们的精神；也即
是，只有这种犹太人才不再把这个世界视作是一个神圣实体(a
sacred Essence)的神圣产物，而是把它视作是一个被上帝所抛弃的
(God-forsaken)和充满罪恶的世界。因此，这就出现了从现世到神圣
和从神圣到现世的双重背叛，这是一种在不信神的异教信仰中的非
现世的犹太信仰，基督教世界把一名改信异教的犹太人视为一名犹
太圣人，因为，他可以提升诸民族的灵性，也可以使诸民族为未来那
个更好的、被描绘成超凡脱俗的神圣世界做好准备。

　　然而，在历史发展进程中，随着众民族相应地提升到犹太宗教的
水平，另一个世界也必将越来越成为这个世界的一部分。当犹太化
愈演愈烈，亦即异教世界变得越来越人道，犹太人也就越能参与到这
个正向着更好方向发展的世界文化的进程当中。最后，当充斥着粗
鄙肉欲与野蛮暴力的异教徒观点和已蜕化为唯心论的神秘主义的犹
太观点经过长期斗争后，人道主义的现代文明曙光在尼德兰自由邦

(Netherland Free States)喷薄而出，一位犹太人(a Jews)①作为一个标志，象征着人类的精神历程已经历史性地步入了一个人道主义的时代。

直到今天我仍然相信，根据斯宾诺莎的教义，世界历史上的这个伟大时代至少在人类的属灵历史中首次显现了。然而，我从来不相信，也从来没有说过，基督教是人类的圣史上的最后阶段(the last word)，甚至也从来没有说过，这个神圣的时代已随着斯宾诺莎而终结。可以肯定的是，并且，我也从来没有怀疑的是，我们今天其实渴望一种更加全面的救赎，这种救赎是基督教从未梦想过，甚至也从未提供过的。当古代文明陨落后，基督教在黑暗的历史时代照射出了一些亮光；但是，它的光芒只照亮了那些已灭亡的古代文明的坟头。基督教毕竟是一种死亡的宗教(a religion of death)，一旦诸民族重新觉醒，它的使命也就立即停止了。

处在西方(The Occident)和东方(The Orient)的分界地带的那些国家——也即是俄罗斯(Russia)、普鲁士(Prussia)、奥地利(Austria)、土耳其(Turkey)——其间生活有我们上百万的犹太兄弟，他们为犹太国的重建而热忱地向上帝祷告。比起我们的西方犹太兄弟，他们更加坚定地守护了犹太教的核心，亦即犹太人的民族性。我们的西方犹太兄弟希望对我们宗教的所有一切赋予一种全新的生命，而不是坚守这种伟大的希望，也即是我们犹太民族复兴的希望——这种希望不仅造就了我们的信仰，而且，它让我们在时代的所有风暴中存活了下来。我喜欢漫步在那些忠实可靠的百万犹太兄弟中间，并对他们呼喊道，"噢，我的人民啊，请高举你们的旗帜！"犹太

———
① ［中译按］"一位犹太人"(a Jews)指的应该是斯宾诺莎。

民族仍然保存了丰盈的生命种子，它就像埃及木乃伊坟墓里所发现的谷粒一样，尽管埋葬了数千年之久，但却从未丧失自己的生命动力。一旦种植到肥沃的土壤里面，空气、阳光充足，那么，它就会生根发芽、结满果实。

通过犹太民族主义观念和犹太教信仰的强大力量，正统派犹太教(Orthodox Judaism)①的形态——在复兴的世纪到来前，正统派犹太教的形态都是正当的——将会自然而然地自我瓦解。就像只有接触大地母亲才能拥有无穷力量的那位传奇巨人(the giant of legend)②一样，犹太人的宗教天赋只有在民族的复兴中才能汲取新的力量，也只有在民族的复兴中先知们的圣灵才能重新焕发生机。

为了让所谓的启蒙之光照进犹太教而同时又不毁坏犹太教最内在的本质、信仰和神圣生活方式的那些人，他们一直以来都渴望能够成功地碾碎拉比派(Rabbinism)给犹太教镶嵌上的那层坚硬的外壳，但是，到现在为止，没有任何人能够办到，即使连行家里手的门德尔松也不例外。

---

① ［中译按］正统派犹太教(Orthodox Judaism)：最严格地恪守传统信仰和礼俗的犹太教徒所奉的宗教。正统派认为，唯有自己的一派才是犹太教，他们坚称律法是上帝在西乃山的启示。因此，律法是神圣及享有绝对权威，他们严格恪守传统信仰和礼俗，拒绝犹太教的任何变革。

② ［中译按］这个巨人指的是古希腊神话中的安泰俄斯(Antaeus)。安泰俄斯是古希腊神话中的巨人，他是大地女神盖亚和海神波塞冬所生的儿子，居住在利比亚。安泰俄斯力大无穷，而且，只要他保持与大地的接触，他就是不可战胜的，因为，只要与大地接触，他就可以从他的大地母亲那里源源不断地获取无限的力量。他强迫所有经过他的土地的人与他进行摔跤，并把他们杀死。大力神赫拉克勒斯经过利比亚时，与安泰俄斯进行战斗。安泰俄斯每次被击倒后只要接触到大地——他的母亲——他的伤口就会立刻愈合，力量也会立即恢复。发现了这个秘密的赫拉克勒斯于是将安泰俄斯举到空中，使其无法从盖亚那里获取力量，直至把他扼死。

第六封信

关于德国人对我们犹太兄弟的态度以及"进步的"(progressive)德国犹太人对犹太人民的态度,你认为,我的判断太过严重和武断。你认为,德国人有着高贵的心灵,并且,他们充满了强烈的正义感和人道精神,因此,他们能够克服内心的种族偏见。至于那些"进步的"(progressive)德国犹太人,你认为,当他们的犹太兄弟号召他们保卫他们的信仰和民族的荣誉时,他们当中的许多人一直都表现出充分的自我牺牲精神;而且,他们主要来自于科学、商业或者实业界等领域,因此,他们都拥有较高的社会地位。

对于你的这些公正批评,我深表同意,而且,我也承认我的判断太过宽泛,因为,这些判断都是在大马士革事件的影响下所撰写的,所以,它肯定在某些地方存在不适宜性。现在,我不得不认为,日耳曼民族(Teutonic race),尤其是德意志民族(German people)——我高度尊敬德意志民族的精神——能够通过教育来克服其共同的种族偏见,这会是全世界最大的一个笑料。最能代表德国人精神的莫过于爱国的浪漫主义者和深沉冷静的书商了。一个产生过莱辛(Lessing)、赫尔德(Herder)、席勒(Schiller)、黑格尔(Hegel)、洪堡(Humboldt)等人类历史上如此繁多与重要人物的民族,它一定能造就出人类最高的道德水准。

正如我愿意纠正自己对德国人的反犹主义的判断一样，我也愿意修改自己之前关于"进步的"西方犹太人的看法。在这个世纪长达四十年的时间里，犹太教对那种世界性的博爱主义，亦即声称抽象地爱人，但却不愿意为具体的人负直接的义务——这也是让·雅克·卢梭(Jean Jacque Rousseau)对其所进行的恰当评论——都持一种抵制的态度。我观察到，这种进步迹象在世界各地都朝着越来越健康和越来越自然的方向发展：在美国，每年都有新的犹太社区出现；在法国，以色列世界联盟(*Alliance Israelite Universelle*)的建立意义重大，如果犹太人的民族精神能够从此焕发生机的话；在德国与法国的文学作品中，有很多作家——例如康佩特(Kompert)、斯特劳本(Strauben)、雅尔(Weill)、伯恩斯坦(Bernstein)——已经开始忠实而完满地刻画犹太人的生活。然而，最为重要的仍然是格雷茨(Graetz)所撰写的《犹太史》(*History of the Jews*)一书，在犹太教的学术研究中，这本书的出版具有一个划时代的意义，因为，它已经发展出了这样一种力量，这种力量很快就将克服那些基督教化的同化者的属灵化倾向。

即使在此之前，加布里尔·里塞尔(Gabriel Riesser)——他是我们最进步的(progressive)德国犹太人之一——就英勇无畏地把自己的一本杂志命名为"犹太人"(The Jew)，以全身性捍卫我们民族的政治事业和民权事业。他从来没有犯过现代犹太人所会犯的错误，现代犹太人与其他德国人一样，似乎都认为犹太人的解放与犹太人的宗教不相容。加布里尔·里塞尔所追求的解放仅仅只是对承担所有的公民义务与公民责任以及政治义务与政治责任的一种回报或奖赏。

如果我们假设，犹太人真的拥有了一个属于他们自己的国家、领土和政府,并且,这个主权国家的许多公民在国外生活了数世纪之久——这种情况对所有国家而言都是一件非常平常的事情。如果他们承担了这种完整的公民身份所要求的全部公民义务与公民责任以及政治义务与政治责任,那么,这些国家会拒绝给予他们完整的公民权吗?然而,要获得这种公民特权(privilege),在德国土生土长的犹太人——他们在德国已经定居了数个世纪——必须首先否认自己的民族、族群、传统、特征、气质与性格。顺便说一句,犹太人却从没有因此而怀有任何成见,也从没有怀有任何支配其他民族的欲望。摩西政体(The Mosaic Constitution)明确地保证了生活在其国土上的所有居民全都一律平等。

犹太人的生活从来不是完全的属灵化的(spiritualistic)。即使是艾赛尼派(Essenes)①——在基督教刚刚建立之时,艾塞尼派在犹太人中间发展迅速,而且,基督教主要起源于艾赛尼派——也不是一个彻底的属灵化教派(spiritualistic sect)。早期的基督教(the early Christians)同样如此,他们也不是彻底的属灵化教派。当艾塞尼派通过基督教而最终变成了属灵化的教派时,它就切断了同犹太教的关联,甚至从犹太教中消失了。②

在那些伟大民族的发展历史中,几乎每一个重要的转折都会在作为宗教的始创者和传播者的那个民族中间伴随有一场巨大的运

---

① [中译按]艾赛尼派是第二圣殿时期活跃在公元前 2 世纪到公元 1 世纪的犹太教派,有学者称其可能源自撒都该祭司。该派系较之法利赛和撒都该来说人数较少,艾赛尼人分布在各大城市,过着集体生活,推崇禁欲主义(有的甚至单身)、安贫乐道、每日清洁。在当时,很多相关教派共享相似的神秘主义、末世来世、弥赛亚观和禁欲苦修。这些派系被学者们称之为"艾赛尼"。

② 参见,"论犹太教派"(on Jewish sects),格雷茨(Graetz):《犹太史》(*History of the Jews*),德语版第三卷,注释 10,英语版第二卷。

动。从古代到中世纪的这个过渡时期——这个过渡时期是人类的一个秋分节点(autumnal equinox)——在犹太教中间预告了一场巨大风暴的来临,那就是,从犹太教内部产生了基督教。犹太教滋养了那些从犹太教内部所产生的那些教派,然而,这些教派都没有恒久性的特征,一旦渡过危机,它们就会再一次不留一丝痕迹地消失。今天是人类的一个春分节点(spring equinox),这在犹太教中间再一次地预示了一场巨大风暴的到来,那就是,我们正在一步步地接近一个美好的未来。尽管人们完全没有注意到发生在犹太教中间的这场巨大风暴,但是,这场风暴的意义不会低于从古代到中世纪的这个过渡时期所发生的那一场风暴。就在现代时期(the modern era)的开端,东西方的犹太人都被一场弥赛亚运动(a Messianic Movement)冲昏了头脑——自从巴尔·科赫巴(Bar Kochba)治下的犹太国家覆灭以来就一直都没有出现过这样一场弥赛亚运动。沙巴泰·泽比(Sabbatai Zebi)①是假先知;真正的先知是斯宾诺莎。相较于沙巴泰·泽比所开启的这场弥赛亚运动,哈西德派(Chasidism)②更加深刻地洞穿了东方的犹太大众。但是,哈西德派的真正本质与历史意义仍不为人所理解。

门德尔松在德国生活期间,波兰兴起了一位名叫拉比·以色列·巴尔·谢姆·托夫(Rabbi Israel Baal Shem Tob)③的宗教领袖,

---

① [中译按]Sabbatai Zebi 亦写作 Sabbatai Zevi。

② [中译按]哈西德派(Chasidism/Hasidim):哈西德派虔信律法,是犹太教正统派的一支,深受犹太神秘主义的影响。哈西德派是由十八世纪东欧拉比巴尔·谢姆·托夫所创立的,哈西德派是组成现代犹太教极端正统派的一部分。

③ [中译按]美名大师托夫(Baal Shem Tov, 1700 - 1760):波兰哈西德派(大约1750 年)的创立者。孤儿,曾在犹太教的会堂和授业座(教育机关)工作。在他退隐于喀尔巴阡山中从事奥秘修行探索后,获"美名大师"之名。大约从 1736 年起定居于梅吉博日村,专心灵修。他以 Besht(美名大师托夫的英文首字母缩写)广为人(转下页)

他和门德尔松一样，都无意于创立一个教派。但是，正如门德尔松在德国引发了改革的高潮一样，拉比·以色列·巴尔·谢姆(Rabbi Israel Baal Shem)则在斯拉夫国家(Slavic countries)开启了哈西德主义(Chasidism)。"哈西德"(Chasid)的字面意思是"虔敬的犹太人"(Pious Jew)。在犹太人的生活中，总有很多人信仰"哈西德主义"，就像很多人会在拉比·以色列(Rabbi Israel)前冠上所谓的"巴尔·谢姆"(Baale Shem)一样；这也就是说，很多犹太人醉心于卡巴拉(Cabala)，[①]而且，它也拥有大量的追随者。就像自门德尔松之后，理性主义引起了德国犹太人的教派分裂一样，自拉比·以色列(Rabbi Israel)之后，哈西德主义(Chasidism)也引起了斯拉夫犹太人(Slavic Jews)的教派分裂，这是因为，这个时期——甚至是在斯拉夫国家(Slavic lands)——出现了与以往各个时期完全截然不同的特殊社会情势。

(接上页)知。后来不再主张老拉比所奉行的苦行主义，而专注于与上帝交流，在日常工作中向上帝做祈祷，解救那些在卡巴拉看来是陷入物质世界陷阱的神性火花。他在安息日餐时所作的演说被保存下来，但没有著作流传于世。他强调要亲近从事简单劳动的人民。哈西德主义在犹太教中引起了社会激变和宗教激变，建立了一种以新的仪式和宗教超脱为特色的崇拜模式。

美名大师(baal shem)：犹太教中，知晓上帝的秘名而行神迹治病的人。这一习俗可追溯到11世纪，此词用来指某些拉比和卡巴拉派人士则是后来之事。17—18世纪的东欧有许多美名大师，他们从事驱鬼、制作护身符和用草药、民间药方和四字母圣名进行治疗。由于在治疗中结合了信仰与卡巴拉法术的行使，他们与医师、拉比和哈斯卡拉运动的追随者发生冲突。

①［中译按］卡巴拉(Cabala/Kabbalah)：字面涵义是"接受/传承"，卡巴拉是与犹太教的神秘观点有关的一种训练课程。这是一套隐秘的教材，用来解释永恒而神秘的造物主与短暂而有限的宇宙之间的关系。虽然它曾被许多教派所引用，但它本身并未形成一个宗派，而仅仅是传统犹太教典之内的一种类别的经典。犹太教称传统的卡巴拉主义者为Mekubal。与犹太教哲学形成犹太教神学的两大面向。卡巴拉旨在界定宇宙和人类的本质、存在目的的本质，以及其他各种本体论问题。它也提供方法来帮助理解这些概念和精神，从而达到精神上的实现。卡巴拉刚发展时，完全属于犹太人的思想领域，也经常以传统犹太思想来解释和说明其深奥的学说。这些学说因而被卡巴拉人士用来描述《塔纳赫》(希伯来圣经)和传统的拉比文献，并解释犹太教仪式的涵义。

就像第二圣殿(The Second Temple)末期的艾赛尼派(Essenes)一样,哈西德派(Chasidism)主张强化犹太人的精神,反对外在的虔敬。哈西德派既不抛弃口传的《托拉》(the oral Torah),也不抛弃成文的《托拉》(the written Torah);然而,对于他们而言,成文律法与口传律法只有在作为一种精神的表达时方才具有价值。对哈西德派而言,不是形式,而是创造它的精神才是神圣的。同时,哈西德派绝不是苦行主义者。拉比犹太教(Rabbinc Judaism)的信徒指责哈西德派违背了一些严格的律法和戒律,对此,哈西德派则回应说:"我们关心的并不是对神所持的严格的形式主义(legalism);我们关心的是神的仁慈与友爱。"在其《坦雅》(Tanya)一书中,维尔纳的拉比撒母耳(Rabbi Samuel of Wilna)从卡巴拉(Cabala)的理论视角出发,发展了哈西德主义的哲学面相(the philosophical side)。这位哲学家的信徒称呼他们自己为哈巴德(Chabad)——Chabad(哈巴德)这个词是由Chochoma(智慧)、Binah(理性)、Daat(知识)这三个单词的首字母拼合而成的。

哈西德主义盛行于东欧犹太人,它往往都带有夸张和迷信的色彩。然而,哈西德主义的那些现代批评者——他们对这种偏离急欲除之而后快——似乎并不理解哈西德主义的真正意图与历史意义。拉比和理性主义者都试图禁止哈西德主义。但是,在对抗一种属灵性的倾向方面,他们的诅咒仍显得软弱无力,因为,这种属灵性的倾向主要是时代的产物,并且是时代无意识的产物,或者说,因为这种无意识,这种属灵性的倾向要比改革派更重要。犹太教自身的生命精神(the living spirit)[①]似乎本能地而非自觉地受当下时代的影响,

---

① [中译按]the living spirit 亦译作"活的灵"。

哈西德主义是从中世纪犹太教到新生犹太教的一个过渡阶段，而这个新生的犹太教现在正处于发展之中。如果民族主义运动借助了哈西德主义的力量的话，那么，哈西德主义的重要性将会不可限量。在东方犹太人这个大中心区，哈西德主义的力量越来越与日俱增。之前禁止哈西德主义的那些犹太拉比正在开始承认，东方犹太民众现在只能从以下两种选项中选择其中一种：要么作为现代文化逐渐渗透的一种结果而放弃犹太教，要么通过犹太教的复兴（哈西德主义无疑是犹太教复兴的一个先声）来阻止这种放弃。

尽管哈西德主义没有规定采用何种具体的社会组织形态，但是，哈西德主义在某种程度上确实采用了社会主义的社会组织形态——富人的家永远对穷人敞开，并且，穷人在富人家里永远就像是在他自己家里一样。哈西德主义严守《祖先的箴言》（*Sayings of the Fathers*）中的箴言："如果有一个人说，我的就是你的，你的还是你的，那么，这个人就是哈西德派"（第 5 章第 13 节）。这个教派拥有这样一种无比无私和热情的精神，它肯定不是一个建立在粗鄙与无知之上的教派。

当我们的生死关头过去后，世界历史中的最后一次危机也将会消失，犹太民族也将会与那些把自己的信仰归功于犹太教的民族一起迎来一个全新的生活；那时，改革派（Reformists）、拉比犹太人（The Rabbinic Jews）和哈西德派（Chasidism）也都会像古代的撒都该人（Sadducees）[1]

---

　　[1]　［中译按］撒都该人（Sadducees）是古时犹太教的一个以祭司长为中心的教派，形成于公元前二世纪、消失于一世纪以后的某个时候，该派在耶路撒冷第二圣殿被毁（公元 70 年）前曾流行了近 200 年。与对手法利赛人据说产生于同一时期，但作为拉比犹太教的晚期形式幸存下来。公元 70 年罗马军队摧毁耶路撒冷，之后撒都该人便不见于史册上。撒都该人是当时犹太教的四大派别之一，撒都该人只承认圣经的前五卷，在教内是保守派，因而不同于法利赛人，他们不相信灵魂的不灭、肉身的复（转下页）

法利赛人（Pharisees）①和艾赛尼人（Essenes）②一样，③全都不留痕迹地消失。犹太人的生活——就像它的神圣的理想与目的一样——是一个不可分割的统一体（a unity），这种统一性或者一元论（Monism）

（接上页）活、天使以及神灵的存在，并且藐视口传律法，这样而来就和法利赛人形成鲜明的对比。法利赛人对口传律法相当敬崇，认为是摩西律法书的一部分，对于启示理解的不同，使得他们在历史上相互斥责。再则，由于罗马人对撒都该人比较妥协，以至于这更引起了人们对他们的憎恨。由于他们主张保持现状，唯惧基督教兴，故曾经参与审判处死耶稣事件。"撒都该人"这个名字源于希伯来语 *tsedduqim*，其涵义是跟随大祭司撒都（Zadok）教导的人。撒都是在所罗门圣殿膏立所罗门王的大祭师，但现时有关他的其他记载很少被保存下来。直到现在，我们对这个团体的认识，就只有他们与耶路撒冷圣殿的领导相关，而这些内容都源于约瑟夫斯的犹太历史记载。

　　① 法利赛人（Pharisees）：法利赛人是第二圣殿时期（前 536 年—70 年）的一个犹太教派，大约出现于公元前 160 年，法利赛人在马加比王朝以前并未出现，但与撒都该人一样，他们的起源都可以追溯至第一圣殿时期的宗教学院派系。法利赛人是当时犹太教的四大派别之一，另外三大派别为撒都该人（Sadducess）、艾塞尼人（Essenes）和奋锐党（Zealots）。不过，在《约瑟夫斯的生平》第二章中，约瑟夫斯只提到了三派，没有提到奋锐党，但是，他在《犹太战争》中提到了奋锐党。奋锐党又名狂热派，是古代后期犹太教的一个激进派别，由社会底层的普通平民、贫苦民众及小商贩组成；在宗教观点上，他们与法利赛人一样，强烈盼望弥赛亚来临，但在政治上则与法利赛人相反，他们认为接受罗马统治等同于背叛上帝，因而坚决反对罗马统治。另一方面，他们又认为自己是犹太律法与犹太民族生活的捍卫者，因此常常暗杀罗马官员及犹太人中亲近罗马人的派系官员（如法利赛人），相当激进。约瑟夫斯在他的《犹太战争》（*War*. 1. 110, 571；2. 119, 162）和《犹太古史》（*Ant*. 13. 171 – 173, 288 – 298, 400 – 432；17. 41 – 45；18. 11 – 20）中都提到过法利赛人。法利赛人相信命运、来生和死后的奖惩。而且，法利赛人尤其敬重摩西律法传下来的"先祖传统"（tradition from the fathers）。

　　② ［中译按］艾塞尼人是类似于毕达哥拉斯学派的一个组织严密的群体，在每一个犹太城镇都有艾塞妮人（*War*. 2. 214）。他们生活在平静、和平和有序的公社之中。他们过着独身生活（*War*. 2. 120 – 121；*Ant*. 18. 20 – 21）或者为了繁衍的需要而勉强结婚（*War*. 2. 160 – 161）；他们的财产共有（*War*. 2. 2. 122）；他们的日常饮食也极其简单严格。他们崇奉太阳（*War*. 2. 128, 148），对来生也持一种与希腊人类似的观念，认为受到祝福的灵魂将会升到天上。

　　③ ［中译按］按照历史学家约瑟夫斯（Josephus）的说法，法利赛人像廊下学派（*Life*. 12），艾塞妮人类似于毕达哥拉斯（*Ant*. 15. 371），而撒都该人则像伊壁鸠鲁（Epicurean-like）（但是他并没有作进一步清晰的说明），因为他们（他们指撒都该人——中译者注）否认来生和命运。撒都该人也拒绝法利赛人的先祖传统，只尊崇摩西五经（*Ant*. 13. 297）；同时，他们也奉行更严厉的惩罚（*Ant*. 20. 199）。

的生活——作为基督教唯灵主义(Christian spiritualism)的反面——是现代唯物主义的一种解毒剂。我在这里所说的不是哲学体系或者宗教教义,也不是生活观念,而是造就观念的生活本身。生活是一个民族精神活动的一种产物,它按照这个民族内在的本能和特有的倾向塑造了自身的社会制度。这种原初的生活形态造就了一个民族的生活观念,而生活观念又反过来影响生活或者形塑生活,但是,它不能从根本上改变占据支配地位而又会反复再现的原初生活形态。

让我在这里补充一些具有重要意义的话语:

每一个人的精神理念都源于其个人在社会中的社会体验。但是,就像整个的社会结构一样,他们——借助于家庭与民族——都源于生物的生活(organic life)。他们代表了生物的生活本身与宇宙的生活(cosmic life)之间的永恒联系。

这三种生活领域并不存在一种明显的断裂,正如物质生活与精神生活之间也不存在一种明显的断裂一样。然而,这三种生活确实在统一而不可分割的永恒宇宙生活(universal life)中鲜明地构成了生活的不同限度(limited degrees of life)。

人类的社会结构比生物的领域(the organic sphere)不知道要高出多少;但是,它们之间并不是截然分离的,就像生物的领域与宇宙的领域(the cosmic sphere)也并不截然分离开一样。在生物生活领域到社会生活领域的分界上,自然性的(natural)、生物性的(organic)民族变得清晰可见。然而,相较于高级的人类生活来说,它却是无生气的(spiritless)。不过,尽管这样,民族仍根源于社会生活领域,正如现世的世界(the planetary earth)根源于生物领域一样。

人类的统一性(unity)并不是直接源于生物的生活,而是社会历史进程中的一种最终发展。它假定有各种原始部落,他们习惯于争斗,但是,他们的目的是和谐的合作。因而,所构想的人类的统一性(unity)预先假定了在人类历史中存在有一个计划(a Plan)。今天——在历史发展的最后阶段——历史进程中的这种统一(uniform)而神圣的计划已经非常显而易见。但是,在诸民族仍过着原始生活的古代,只有一个民族——凭借其自身的独特天赋——洞悉了或者至少猜想到了:与宇宙的生活进程和生物的生活进程一样,人类历史也存在一个神圣的计划。犹太人在一部作品当中表明了这个计划,今天,这个计划已经被全人类尊崇为一部神圣的启示录。但是,正是犹太人的精神、组织与民族的这种独特性和犹太人的宗教天赋,以至于犹太人在古代就通过圣灵的激励而获得了神圣的启示。圣灵依赖于以色列,每当人类的生活面临一个新的历史发展,圣灵都依赖于以色列,一种新的社会创造——就像自然和历史中的所有其他东西一样——只能来自于所有生活的本源。在历史中所获得的那些启示都是直接来源于上帝的启迪。但是,这些启示远非永恒法——永恒法支配了宇宙世界和生物世界——的一种例外情形;而是,通过这些启示,这种永恒法会重新出现在人类社会,并且,以色列的独一圣者(Holy one of Israel)也会随着全部生活的创造性本质而揭示出来。只有通过犹太人的宗教天赋与启示,我们才拥有一个完整、统一与神圣的发展,就像宇宙生活与生物生活的发展本身就是对在自然与历史中的神圣统治的最后证明一样。

如果我们正确地理解了历史的计划——正如它在以色列的圣典(Israel's Sacred Scriptures)中向我们所展示的那样——那么,我们不仅能够从中认识到人类的统一性,而且,我们也能够认识到整个宇宙生活、生物生活和人类生活的统一性。我们民族的圣典(Sacred Scripture)呈现的是独一的上帝,尽管世界具有多重性、人类具有统一性和民族具有多样性,因为,从犹太民族自身历史的开端之日起,世界历史的整体计划就一直存在于犹太人民的属灵智慧之中。

犹太人的整个文学(entire literature)必须要从犹太民族的这种起源观来进行理解。犹太教是一种历史性的宗教。与异教徒对自然的崇拜(cult of nature)不同,它是一种对历史的崇拜(cult of history)。

如果各民族在其自身独特的属灵倾向上没有任何根本性的不同,那么,犹太人精神的启示——在人类历史的开端中,这种启示仍是一个孤例——就完全会是无法解释的,而且也会显得超自然性(supernatural)。通过对他们的造物主(Creator)的直接启示,犹太人在社会的启示(social revelations)方面拥有一种特殊的才能,正如希腊人对艺术创作拥有一种特殊的才能一样。

在希腊与犹地亚(Judea),印度日耳曼语系民族(Indo-Germanic race)与闪米特民族(Semitic race)之间的差异是最大的。希腊人把世界视作是一种永恒的存在(an eternal Being);犹太人则把世界视作是一种永恒的生成(an eternal Becoming)。希腊精神沉思空间(contemplates space),而犹太精神沉思时间(contemplates time)。希腊人把这个世界视作是一种整全的创造(a completed creation);犹太人则把这个世界视作是一种无形的生成机制(an invisible work of becoming),是一种创造性原则(a creative principle),其中的社会生活只有在自然(nature)已经到了它的安息日庆典(Sabbath celebration)之后方才会开启。自然的安息日(Sabbath of Nature)的典型代表早就不再作为一个民族而存在了,历史之神(God of History)和造物主分散到了各个民族,社会生活的结束,亦即生产与消费实现均衡的和谐社会组织的产生宣告了历史的安息日(Sabbath of History)的到来。这两种主要类别的精神在今天的现代文明国家中仍有自己的典型代表。当海涅（Heine）把所有人都分成为希腊人（Hellenists）与拿撒勒人（Nazarenes）①时，他自己都没有意识到自然崇拜（the nature cult）和历史崇拜（the historical cult）这两种精神类型。调和这些差异已经是历史的任务。这两种历史文化相互碰撞所产生的更高级、更和谐发展的种子——亦即"新启示"（New Revelation）——始终都是犹太天才的产物。

①　［中译按］拿撒勒人（Nazarenes）亦即基督教徒。

第七封信

我们民族应该重新回到"世界历史的轨道"（into the track of world history），对于这个想法，你没有反对。然而，你同时又认为，这种希望在当下仅仅只是一种美好的希望；正如两千年前犹太人散落世界各地那样，犹太人现在仍然只是由散落世界各地的家庭所组成，犹太人不是一个民族。一直以来，宗教的纽带把散落世界各地的犹太人紧紧地联系和团结在一起，然而，犹太人所参与的现代文化生活却把绝大部分的宗教纽带都给割断了。在你看来，这种漠视和偏离犹太教的结果是不可避免的；对于这种结果，没有人能负责，因为，不是人的专横，而是环境的力量破坏了传统犹太教的统一性。你问道，如果一位犹太人想同自己的民族建立联系，那么，他应该参加哪一个犹太社区或者哪一座犹太会堂呢？你再一次恶意地高声喊道，对于那些努力地给予我们科学之光，而不是"外观易碎"（externally shattered）但却有坚硬内核的犹太教义的学者，难道我们应该谴责他们吗？

不，亲爱的朋友，对于这种不可避免却可能有益处的危机，我们并不想要谁来负责。人类的力量没有办法避免危机，更何况危机中最严重的症状已经过去了，而且，现在我们也不害怕危机重新来袭。犹太人在第一次接触现代教育时确实面临灭亡的危机，不过，他们很幸运地渡过了这最后一个危及其生存的危机（可能也是最大的一个危机)！现在危及犹太教生存的不是科学和现代生活，而是那些自称为犹太教的代理人和代言人。

犹太学者对我们当下犹太人的教育、社会地位以及精神与道德进步付出了不懈的努力，而且，在社会几近崩溃之时，正是由于犹太学者的努力，犹太家庭仍然是社会的道德楷模。犹太人的危机不是来自于犹太学者和古代拉比，相反，在两千多年的大流散时期，他们是犹太人的主要依靠，尽管他们没有形成一个独立的祭司阶层或者学者阶层。然而，他们就像我们的犹太诗人，太专注于当下的生活，以至于没有时间思考我们民族的复兴事业。我们的犹太年轻人也处于我们的犹太学者一样的状态；他们需要一些外在的刺激来唤醒他们自己所潜藏的民族情感，以致将来他们能够公开地宣称自己是一位犹太爱国者。犹太人的危机只来自于那些犹太教改革者，他们用新发明的仪式与陈腐的修辞吸干了犹太教最后的精华，结果只留下了虚幻的空壳。它既不能增进现代犹太人的学识，也不能满足犹太人更为有序与更为美妙的信仰需求。他们所培育出的宗教改革思想是对犹太教的民族特性的一种严重扭曲。他们的改革只有一个消极目标——如果说他们有目标的话——那就是深切地怀疑犹太宗教对民族构建的作用。毫无疑问，这些改革只是一种对犹太教的冷漠举动，也是一种对犹太教的背教行径。事实上，同基督教一样，犹太教必然会随着启蒙的展开而崩溃，犹太教是一种教义性的宗教，确切地说，它是一种民族性的信仰。基督教必须把自己与国家生活（national life）分离开来。正因为这个原因，基督教必然会在普救论（universalism）①与特殊神

_____

　　① ［中译按］普救论（universalism）：普救论相信所有灵魂都有救恩的信仰。这个概念在基督教历史不同的时期都出现过，在 18 世纪中叶的美国成为一个有组织的运动。它现在依然坚持认为，慈爱的上帝不会只给一部分人施救恩，而其余的（转下页）

宠论（particularism）①、唯物主义（materialism）与属灵主义
（spirituality）之间爆发你死我活的斗争，直到每一个国家都拥有自己
的宗教。每一个民族都必须像犹太民族那样成为上帝的民族（a
people of God）。

像基督教一样，我们这个时代的民族主义理想和人道主义理想
并没有威胁到犹太教，相反，这些正是犹太教的内在本质。基督教的
错误之处在于，它坚持认为，一种整全的生活观可以精简至一个单一
的教义。门德尔松认为犹太教没有教义，对此，我并不赞同。我认
为，犹太教的神圣教导永远不会有完成时。犹太教一直在不断地发
展，而犹太教的发展一直建立在犹太人生命与精神之间和谐统一的
基础之上。通过一丝不苟地求索与研究来不断地深化对上帝的认
识，对此，犹太教不但不会予以禁止，相反，这被视作是犹太教的一种
宗教义务。这就是为什么犹太教从未排斥或者禁止哲学思想。正是
因为这个原因，犹太教没有宗派主义（sectarianism）。即使犹太教现
在不乏正统与非正统的教条主义者，但是，他们也没有出现宗派主
义；因为，犹太教的教义是如此宽广，以至于它可以让每一种思想的
探索和创造都能够自由地进行发挥。犹太人对哲学问题的不同看法
极为常见，但是，犹太教从来不会拒绝任何人。然而，就犹太教的自
身来说，这些源于各种内外在经验的不同生活观终将要过去；尽管它
们表面上看起来会自相矛盾，而且，发展的形态也具有多重性，但是，
原初的形态绝对不会消失，而且，这棵犹太教的生命之树必将结满累

（接上页）人必然要受到永世的惩罚。它强调在宗教中运用理性，根据科学发现更
改信仰。因此，传统基督教的不可思议的内容被扬弃，耶稣虽是一位值得敬重的导师
和榜样，但也不能把他当作神。

① ［中译按］特殊神宠论（particularism）：亦即神之恩典只及于神所拣选之人。

累硕果。因而,犹太教把那些脱离犹太教之人视作为背教者。

事实上,作为民族主义的犹太教有一种自然的根基(a natural basis),这种根基——如同信仰告白——不可能被其他东西所取代。只要他出身于犹太血统(即使他的先祖背叛过犹太教),那么,他就是犹太人。甚至,即使这个犹太人受洗过,那么,他依旧是犹太人,不管他后来怎么反对它。犹太人一生的使命就是探寻上帝的知识,而不是信仰上帝的知识。信仰是一种关乎良心自由的问题,除了自己主动去信仰以外,没有人可以强迫他人去信仰。伟大的犹太思想家从来不会误解犹太教的这种特质。他们不会把宗教观念的改变视为一种新的宗教,也不会去改革我们信仰的根基。萨阿迪亚(Saadia)①、迈蒙尼德(Maimonides)、斯宾诺莎(Spinoza)、门德尔松都不是背教者,尽管他们都表现得非常的"进步",尽管许多的狂热分子非常想把他们排除出犹太教或者已经把他们排除出犹太教(斯宾诺莎就是其中一例)。我只知道一个犹太团契(Jewish fellowship),那就是仍然幸运地留存下来的古老犹太会堂,我希望它可以一直留存到犹太国家顺利重建的那一天。我和我的家庭(如果我有家庭的话)不仅会积极地参加一个虔敬的犹太会堂,而且也会在自己的家里严格地遵守斋戒与节日的习俗,让民族的传统永远活在自己和后代的心中。如果我有影响力的话,那么,毫无疑问,我会努力地美化犹太信仰,最为重要的是,我会努力地让犹太学者和布道者正确地各司其职,让他们备受尊敬。接着,我会转向其他的改革,以清除之前其他改革者所作

---

① 〔中译按〕萨阿迪亚(Saadia)是埃及裔巴比伦犹太评注家和哲学家。大约在公元905年,他离开了埃及;他最后定居在巴比伦,并担任了希伯来语的苏拉学院院长。他编纂了一部希伯来语-阿拉伯语辞典,并把《旧约圣经》许多篇章译成了阿拉伯语。公元935年,他出版了其主要的哲学著作——《信仰和评价》。

的那些空洞的改革。因而，我也会坚持"改革"（reforms）。但是，古代的习俗和习惯不应该作任何的改革，希伯来语祈祷辞也不应该缩短或者用德语译本来诵读。最后，安息日和节日也不应该取消或者推迟到星期日（a Christian day）。领唱者（Hazan）和歌咏者不应该只是毫无灵魂的歌唱工具。祈祷辞和赞美诗应该由虔诚的大人和小孩一遍遍地进行诵读和传唱，他们不仅精通音乐，而且还精通宗教知识。祈祷房不是戏院，领唱者、歌咏者和祈祷者不应该是一群滑稽的喜剧演员。

如果人们遵守了上述规定，犹太社区将会安享和谐，每一个犹太人（不管他持什么样的观念）的信仰都将会得到更好的满足。无系统的改革只会以无意义的虚无主义而收场，除了带来一系列的精神颓势和年轻一代对犹太教的疏离之外，毫无其他意义。

对于改革派所取得的成绩，我们不会感到不快；因为，他们没法说服自己相信他们所创造的那些所谓的正面的东西。通过效仿早期的基督教改革者，他们把与《塔木德》相区别的《圣经》当作是新生犹太教的积极内容；这种年代错置——它只是对一种外来运动的模仿而言——只会让他们徒增笑耳。事实上，对于宣称现存的口传律法传统是一种"人为的虚构（human fiction）"（因为口传律法是之后才被记录下来的），因而需要予以摒弃的看法，以及宣称圣经的律法才是神圣的看法，这些都是一种非常狭隘的观念，同时也是完全非历史性的观念。所有的事情全都表明了下面这个事实：直到巴比伦之囚（The Babylonian Exile）时期，甚至直到后来的文士时期（The Time of The Sopherim），成文律法与口传律法之间没有像今天那样进行区分。只有在文士时期之后才有了成文律法与口传律法这种区分。直至那时，传统既不是完全的成文律法，也不是完全的口传律法。审慎的史学家们（critical historians）无法清晰地证明这种区分是怎样形成的。但是，有一件事情是可以确定的，那就是，复国时期（The Time of The Restoration）的这种精神鼓舞了文士，也鼓舞了犹太大会堂的贤哲（The Sages of The Great Synagogue）。

我们民族的贤哲（Sages）曾说道："以色列会通过以斯拉（Ezra）而得到《托拉》，如果不是摩西在以斯拉之前的话。"因为，正如所有的宇宙万物必须以永恒的造物主为前提一样，所有的属灵性创造（spiritual creation）也必须以启示（Inspiration）为前提。政治-社会奴隶制的每一次解放同时也是属灵性的解放和民族天才浇灌的结果。犹太律法的发展有两个主要时期：一是出埃及记之后的时期，二是从巴比伦返国之后的时期。第三个时期也即将就要到来：这个时期将随着对犹太人第三次大流散（The Third Exile）的解放而到来。今天我们所拥有的《托拉》就是在第二个时期期间直接传给我们的。没有任何证据证明，成文律法（Written Law）比口传律法（Oral Law）拥有更神圣的起源。恰恰相反，自巴比伦之因返国以来，相较于停滞的成文律法，口口相传且富有生机的口传律法被视作是一个更为神圣的成果（a holier work）。原因是非常显而易见的。如果犹太贤哲不再致力于律法的发展，那么，这个民族的立法才能将不复存在。巴比伦之因之后的民族复兴和大流散期间犹太教的存续，都归功于口传律法的发展。犹太英雄在以色列地区对希腊罗马的英勇战斗也归功于口传律法。最后，自第二共和国（the Second Commonwealth）被毁以来，在将近两千年的犹太流散期间里，犹太教的存续要归功于这种口传律法的发展；犹太人未来的民族复兴也要同样归功于口传律法。

拉比们长期以来一直都反对口传律法的成文化是有原因的。如果口传律法只在学校中教授和发展，那么，犹太教就永远不会有失去它民族的立法才能的危险。然而，口传律法之所以以成文的形式记录下来，是为了避免一个更大的危险，那就是，防止它（特别是在大流散期间）被完全遗忘的危险。现在这种危险已经不复存在了。但是，只有当我们内心唤醒圣洁的爱国精神（这种精神一直在激励我们的立法者、先知和学者）时，我们才能防止我们民族立法才能的丧失。我们必须重新拾起我们的理性主义者所极度忽视的我们自己民族的历史，同时也必须重新唤醒年轻一代的爱国精神——这种爱国精神是我们的立法者与先知汲取智慧与灵感的源泉。那时我们也将从犹太教中汲取灵感；那时我们的贤哲和智者也将会重获权威——当他们自己在其他动机而非爱国主义的驱使下疏离犹太教和企图改革犹太律法的那刻起，他们就丧失了权威。我们将再一次地激发出那种神圣的精神——这种神圣的精神能够根据犹太人民自身的需要来制定与改革犹太律法。当第三次大流散（The Third Exile）将要结束之时，所复兴的这个犹太国家就会发现我们所作充分的准备。

第八封信

　　亲爱的朋友,如果你认为,只有所谓的进步的犹太人才精通现代文化和现代科学,或者认为,正统的犹太人仍盛行埃及人的邪恶(Egyptian darkness)——这种邪恶与现代的冷漠主义一样,对我们民族的复兴危害甚大——那么,我要说你错了。

　　世界各地的正统派犹太人——例如英国、法国、意大利、德国、匈牙利、波兰与波西米亚(Bohemia)等地的正统派犹太人——都有自己在文学与科学方面的先进典型,这些先进典型在文学与科学上所取得的成就可以同那些进步的犹太人相提并论。通过卢扎特(Luzzato)、拉帕波特(Rappaport)、弗兰克尔(Frankel)、克罗克马尔(Krochmal)以及其他人的优秀著作,希伯来文学重新唤起了一种新的生活,而且,大批进步的现代德国拉比已经在用希伯来语进行热烈响应。甚至连霍德海姆(Holdheim)也用希伯来语创作自己最后一部作品;比霍德海姆更加激烈地反对正统派信仰的斯科尔(Schorr),现在他也用希伯来语定期出版了一本名为《先锋》(Chalutz)①的期刊。犹太教在今天已经取得了非常巨大的影响力,现在甚至连它的对手都不得不借助希伯来语媒介来扩大自己的影响力。

---

　　① [中译按]Chalutz 亦写作 Hachalutz,希伯来语。

你或许从海涅的诗歌集《罗曼采罗》（Heine's *Romanzero*）那里知晓了我们那位伟大的犹太爱国者和虔诚的诗人耶胡达·哈莱维（Jehuda Halevy）的悲惨故事，根据传说，他在耶路撒冷圣殿的废墟中找到了自己的坟墓，一种不可抗拒的渴望一直在驱使他回到自己的祖先故地（The Land of The Fathers）。你肯定有兴趣了解这位虔敬的吟游诗人——他以绚丽而高贵的诗歌来丰盈我们的祈祷书——的生活与性格。萨克斯（Sachs）说："对于一个无论谁也不可能在理论上解决的问题——一个流散世界各地的民族怎样才能拥有一个国家，一个无家可归的民族怎样才能拥有一个祖国——他将在这位伟大诗人的人格和诗歌中找到这个问题的一个实际的解决方案。"我必须在这里补充道，犹太-西班牙文化时期（the Judaeo-Spanish cultural epoch）成功地解决了一个更为严重的问题，那就是，在参加当地（作为第二故乡的流散之地）的文化与政治生活的同时，怎样才能在充分意义上成为一名好的（good）、爱国的（patriotic）而又民族主义的（national）犹太人。

萨克斯接着说道，"在西班牙时期（the Spanish period）所有的犹太诗人中间，极度渴望救赎时刻的降临是他们的一个主要特征。对于很多人而言，这种艰难、残酷的时刻确实会迫使他们产生这样的渴望。然而，对于哈莱维而言，这是一种清晰、单纯而又充满爱意的渴望，这种渴望有时是一种孩童般的天真，有时又是一种火一般的热情。他那充满活力而自信的话语多么地触动人心，因为，在他的诗歌里，这种渴望不是作为沮丧的当下境况的一种绝望溃逃，而是驶向光明未来的一种美好希望。他对自己的事业充满信心，这种信仰的喜乐激励着他。"

这种对信仰的自信和喜乐让我清晰地回想起了我虔敬的祖父。

每当他们向他说及未来的计划时,他总是反对制定这样的计划,他说道,流亡的犹太人无权对未来制定计划,因为,弥赛亚可能会突然到来。我的祖父既不是一位诗人,也不是一位先知;他只是一位普通的商人,在白天他致力于自己的日常工作,在晚上他就倾注于宗教与学术研究。在大流散之后,对圣典的学习变成为犹太人宗教生活中必不可少的一部分,这可以在迈克尔·萨克斯(Michael Sachs)的著作中得到佐证。他说:"学习之家(The House of Study)变成了'阿戈拉'(Agora),①亦即独立、自由的生活的唯一中心,教师成为了犹太民族独特性思想的承载者。"一座犹太会堂(Synagogue)不只是一座祈祷房,也是一所学校。即使到了今天,德国犹太人仍然称呼它为"舒尔"(Schul)。② 努力地研究自己民族的独特信仰和严格地恪守数千年来的准则,都是为了在大流散时期保持犹太教自身的完整性,然而,这往往却被进步的犹太人所误解;这就是犹太人的爱国主义。在门德尔松时代,出现了一群"新式的"(newfangled)犹太人,他们以其背离犹太习俗的程度来衡量他们自身的启蒙与教育的程度,并以洗礼或者改信的方式最终获得和完成了自身在政治上的毕业典礼。那些"进步的"犹太人后裔从来理解不了门德尔松对犹太民族古老传统的复杂关联。可以肯定的是,这位柏林哲学家(this Berlin philosopher)同传统犹太教的关系绝不是像门德尔松自己说服自己那样,是他理性思考的结果,而是他自己犹太情感的自然流露。当一个人重新拥抱犹太传统时,他那强烈的宗教归属感立刻就会感觉到——他曾经所抛弃的——犹太教的本性以及犹太民族的本性。你

---

① [中译按]Agora 是古希腊城邦的公共中心,它是城邦运动、艺术、精神和政治生活的中心,一般中译作"广场、露天会场、露天集市"等。
② [中译按]舒尔(Schul)为犹太人的集会、犹太教会堂之意。

认为，我们犹太贤哲的教导和命令都是愚蠢的人造之物，那么，恳请你告诉我，如果他们不为自己的宗教建立起一种保护性作用的围栏的话，那么，犹太教和犹太人将会变成什么样子？它们能等到犹太国家复兴的那一天吗？它们能存续1800年吗？它们能抵得住基督教和伊斯兰文明的渗透吗？它们能不从地球上消失吗？他们还可以在驱逐出祖先故地之后仍然能创造出自己的生活和找到自己的生存之地吗？

对于那些缺乏历史感的人来说，一个民族的存在与否对人类历史的发展几乎一点也不重要。犹太文学的巨大创造性一直持续了三百年，它们逐步地在犹太教民族主义本质的作用下成长壮大，然而，对于精神侏儒和理性主义者来说，犹太文学的巨大创造性似乎是一种多余，甚至在启蒙时代也不例外；在后者看来，它们应该予以彻底消灭。生活在巨人辈出时代的这些侏儒没有意识到，他们自身的存在其实是一个时代错置。在一个纯理性批判的时代，作为法国大革命的先驱，理性主义者的存在有其合理性。但是，在教条主义的束缚已被深深地撼动的今天，我们更需要创造新的价值，因为，它对所有时代都有用处，而否定性的批判对我们毫无用处。对犹太精神中所蕴含的创造力都无法理解的那些人甚至都觉察到了这种创造新价值的渴望，因而，那些人根本无法利用犹太教先前的那些创造为基础。但是，出于对创造的渴望，他们在无知与无助之下只得借助于一种外在的、人为的手段，但是，这种手段不是直接来源于我们民族的生活。

犹太教，包括整个现代世界，现在都出现了两种主要趋势，尽管这两种趋势彼此之间截然相反，但它们都起源于共同的源头，也即是，它们都起源于客观的宗教规范的需求与无法创造（create）这种客观的宗教规范的需求。结果，一个趋势就是，有一部分人主张不加评判地回到古老的信仰,但是,他们所主张的这种古老信仰已失去了自己纯真的特性。在这种统治性的虚无主义之下所造就的绝望中,他们对所有理智(reason)都坚持一种有意的自相矛盾做法。在基督教世界,这种绝望的反动做法——这种反动做法是拒斥批评与属灵性变革的自然结果——就是我们众所周知的超自然主义信仰(Supernaturalism)。在犹太教世界,这种反动做法的典型代表就是法兰克福的赫希(Hirsch)、灵性更差的其他人和大批的无知者与伪善者——它同他们之间的联系确实降低了它的尊贵。作为这种反动做法的一种解毒剂,消极性的改革主张可能具有一定的合理性,尽管从理性的观点来看,他们根本没有创造出任何稳定而可靠的生活规范。消极的属灵性倾向——它对犹太人的整体价值徒劳地创造一些无用东西——的典型特征就是它的极端个人主义和它的非连贯性(incoherence)。现代宗教的改革者都是没有宗派的宗派主义者(sectarians without sects)。因而,我们每一个犹太"新教徒"(Protestants)都有他自己的法典(Code of Laws)。这种观念性的争吵无疑有助于形成一种新的犹太生活。但是,这种新的生活——这种新的生活在年轻一代的犹太学者中已经占据了相当重要的地位——将会在进步的德国犹太阶层中间产生一个与他们的期待完全不同的结果。

在改革派(Reform)与正统派(Orthodoxy)之间没有产生分裂的法国犹太人,他们也仍然没有摆脱各个宗教合而为一的趋势——为了实现这个目的,他们努力地通过清除各个宗教的历史特征与典型特征,力求让它们只保留它们共有的元素。

犹太理性主义者——他们像基督教理性主义者对待基督教那样,对自己坚持犹太教信仰没有任何理由——像他们的基督徒朋友那样,在发明宗教存续的诡辩理由方面精神昂扬,按照他们的说法,宗教不再有任何存在的理由(raison d'etre)。按照他们的说法,犹太人的流散只是他们开启自身伟大使命的第一步。他们认为,犹太人流散世界各地是犹太教的天定命运(Mission)。大流散(Diaspora)中的犹太人取得了多么伟大的成就呀! 首先,他们不得不代表与基督教截然不同的"纯洁的"(pure)一神论(一神教[Monotheism])。其次,"宽容的"(tolerant)的犹太教必须教会不宽容的基督教人道主义。除此之外,大流散中的犹太教不得不为律法与生活的再度合一(reunion)作出安排,而基督教在律法与生活方面是彼此分离的。这是它的全部吗? 不,对于那些文明国家而言,散居在他们中间的犹太人通过其自身的工商业活动已经成为了不可或缺的存在;并且,他们为这些文明国家的发展提供了不可缺少的精神酵母。事实上,我甚至还听到过这样一种严肃说法,那就是,印度日耳曼语系民族(Indo-Germanic race)必须通过与犹太民族的混融(mingling)来提升自己。

我们要注意到,散居世界各地的犹太人,无论在表面上还是在实际上,都给这个世界带来了巨大的益处,在犹太民族重新建国之后,这些益处也不会消失。巴比伦之囚(Babylonian exile)返回故土耶路撒冷期间,并不是所有的犹太人都返回了巴勒斯坦,相反,大部分的犹太人仍留在了流散地生活;自从以色列和犹大两个王国的覆灭而造成犹太人的大流散以来,巴勒斯坦一直都有犹太人定居,因此,在将来犹太复国的过程中,我们不需要大量犹太人在巴勒斯坦的重新集结。人们认为,犹太人在古代(尤其在古代晚期)和在中世纪部分时期确实负有那些特殊的使命,但是,今天的犹太人已经不再负有这些使命了,然而,对于我来说,这似乎却是一种时代错置。从启蒙的观念来看,犹太教同基督教一样没有任何存续的理由。那些不相信自己民族能够复兴的犹太人会像那些进步的基督徒一样，自己宗教的解体就是他们所做工作的最终宿命。然而，让我不能理解的是：一个人怎么可能在相信"启蒙"（enlightenment）的同时，又相信大流散中的"犹太使命"（Jewish Mission）呢，换言之，一个人怎么可能在相信犹太教会存续的同时，又相信犹太教最终会崩溃呢。结论就是：人道与宽容、律法与生活的统一——这些东西只有在一个民族建立自己的国家之后才有可能在其社会制度中变成现实。

第九封信

　　你提出了一个进退两难的问题：要么犹太教的目的和实质是"人道主义"（Humanitarianism），这样的话，它就不是一个民族的目的，而是整个人类的目的；要么我们把犹太教看作是一种排他性的救赎，在这种情况下，我们与现代超民族主义的诉求（supernationalistic aspirations）完全不同。

　　亲爱的朋友，我认为，我在与你通信的信件中所表达的观点同前面所说的那个进退两难的问题毫无共同之处。他们不赞同任何一个极端派系的看法，他们而是属于另一个社会阶层的观点。我认为，犹太教的民族属性不仅不会排斥人道主义与文明，而且，人道主义与文明就是从犹太教那里产生的。我们当前的人道主义观（humanitarian outlook）就是从犹太教那里生长出来的。基督教的道德哲学（Christian morality）、中世纪的经院哲学（Scholastic philosophy）与现代博爱主义（modern philanthropy）全都空洞无物，即使是斯宾诺莎哲学（Spinozism）——犹太教的最新形态——也同样如此，更不要说根本就不根植于犹太教的现代哲学了。直到法国大革命时期，犹太民族成为了世界上唯一一个同时既有民族主义的宗教，又有超民族主义的宗教（supernational religion）的民族。通过犹太教，人类的历史变成了一种神圣的历史。我是说，有机统一的发展进程源于家庭之爱,在整个人类变成一个家庭之前,这种发展进程一直都不会结束——当整个人类变成一个家庭时,这个家庭的各个成员通过创造性的历史天赋(the creative genius of history)这种神圣精神牢牢地联结在一起,就像人体的各个器官通过创造性的自然力量(the creative power of nature)牢牢地联结在一起一样。只要其他民族没有拥有犹太人的这种民族主义宗教和人道主义宗教,那么,犹太人就是上帝唯一拣选的民族。自从法国大革命以来,我们民族已经赢得了众多忠诚的盟友。

随着对反动的中世纪的最后胜利,人道主义理想最终将会开花结果。然而,反民族主义的人道主义主张(the Anti-national Humanitarianism aspirations)却会与反动的中世纪的反人道主义的民族主义倾向(the Aniti-humane national tendencies)一样毫无结果。在理论上的反民族主义的人道主义当中,温和地说,我只看到了一种空想性的梦境(an idealistic dream),而不是一个现实性的外观(a semblance of reality)。我们狼吞虎咽了如此之多的唯心主义春药(spiritualistic love potion)与人道主义迷药,以至于在这种药物般的迷离陶醉中,我们变得甚至连对人类在现实生活中的对抗而引发的悲痛和苦难都无动于衷了。这种对抗不会因为开明的布道而予以根除。但是,按照(像自然法则一样不变的)律法,只有通过一种历史的发展进程才能根除这种对抗。正如自然(Nature)不会生长出"一般性"(in general)的动植物而只会生长出特定性(particular)的动植物品种一样,造物主也只会在历史中创造特定的民族类型(folk-types)。动植物领域的计划(plan)无疑已经达到了它在人类中合乎逻辑的完满结局。然而,无论是作为独立的生活领域,还是作为社会的生活领域,人类仍处于发展的进程当中。我们发现,种类多种多样的原始民族(a primary diversity of folk-types)最初就像植物一样相互依存；接着，它们就会像动物一样相互争斗、相互毁灭或者相互同化，但是，它们最终将重新获得自由，彼此之间和平共处、相互帮助，同时又保持自己的民族特性。

世界历史的法则——我所说的世界历史指的是宇宙的生活(cosmic life)、生物的生活(organic life)和社会的生活(social life)等方面——仍没有被人们所认识。我们有具体的科学(particular sciences)，但是，我们没有一种总体的科学(a science of the universe)；我们仍然不知道整个生活的统一性(the unity of all life)。社会生活的高度组织化——社会生活的这种高度组织化只有通过漫长而艰苦的历史发展进程才能形成——往往会与各民族原始的高度同质化相混淆。诸民族的和解(reconciliation of races)会遵循它自己的自然法则，对此，我们不能专横地作任何人为的创造或者改变。在社会生活的发展进程中，各种敬拜仪式的融合(the fusion of cults)已经是一个过去阶段(a past stage)。基督教将自己的存在归功于古代民族的灭亡，这是这种宗教的流行口号。今天的问题是，怎样让受压迫的各民族重新获得自由，并让他们按照自己的方式自由地发展。在我们这个时代，各民族彼此之间不可能完全相互孤立或者互不理睬，因为他们之间会相互争战和相互奴役。

当下的民族主义运动不仅不排斥人道主义，相反，它强烈地主张人道主义；因为，民族主义运动是对现代工业和现代文明发展趋势的一种有益反叛——现代工业和现代文明的这种发展趋势通过一种无机化的机制严重地威胁每一个原始的有机生命力量。只要是用作直接针对过去时代的陈旧制度，那么，他们的存在就是正当的。没有任何一种反动行径能够战胜他们，只要他们在各民族之间继续建立起一种更为紧密的关系。然而,不幸的是,人们在生活上和科学上已经走得太远,以至于拒斥这种独特性和创造性;结果一方面导致了一种唯心主义的虚幻,另一方面又导致了一种原子论式的尘埃(an atomistic dust),这两者都严重地威胁了所有生机盎然的生命。我们时代的民族主义趋势只会对那些背离创造性生活(creative life)的最神圣原则作出反应,而要对抗这些毁灭性的力量,我只得诉诸于犹太教原始的民族主义力量。

就像作为整体性的宇宙生活(universal cosmic life)有其自身的目的一样,在个体性的微观生活(the individual microcosmic life)中,所有属灵的花蕾与果实最终都会走向成熟,人类是一种活生生的有机体,而原初的种族和民族则是其组成元件和组成机体。每一个有机体都在不断地发展变化。在一个有机体中,有一些元件或者机体在萌芽期会显得非常地重要,但是,在后来的发展中,它却会消失不见。另一方面,有一些元件或者机体在早期的有机体中显得非常地不起眼,但是,当有机体进入最后的发展阶段时,它却变得非常地重要。

在人类富有创造力的那些机体或者元件中,犹太民族仍然赫然在列,而且,犹太民族仍然保持了自身的完整性,它的力量并未受到损害。在古代,犹太民族几乎不被人注意,它深受强邻的压迫和征服。在埃及囚掳时期和巴比伦囚掳时期,犹太民族几乎有两次被毁;两次起来重建一种新的生活和长久地抵抗古代世界中两个最强大的民族与最文明的民族——亦即希腊人和罗马人。最终,正是这个在古代世界的最后斗争中唯一幸存下来的犹太民族——它用自己的精神(spirit)丰盈了人类的天资(the genius of humanity)——随着人类的属灵的复兴,它也同时恢复了自己的活力。今天,当世界上各个民族的属灵复兴进程完成之时,以及当每个民族在人类的有机体中全都实现了自身的使命之时，我们就会开始理解人类各个民族的意义所在。

产业组织化的英国代表了调节和控制人类的"消化系统"的一种中枢力量（the nerve-force）；法国代表了人类的一种普遍性行动力量，也即是社会性力量；德国代表了人类的一种思维力量；美国则代表了人类的一种普遍性再生力量（the general regenerating power）——通过这种再生力量，各民族的所有要素都将同化为一个要素。当我们注意到作为人类机体的每一个现代民族与现代社会的每一部分都通过自己的活动展现出一种特别的使命感时，我们也必须找出仍然留存到今天且依然像以前一样强健而富有活力的这唯一一个古代民族（也即是以色列民族）的意义和作用。

在人类的各个民族当中，没有哪两个民族会像德国人和犹太人那样，既相互吸引，又相互排斥了；在属灵的倾向（spiritual tendencies）上，他们彼此意气相投的同时，却又彼此相互反对，就好比科学－哲学（the scientific-philosphic）与伦理－宗教（the ethico-religious）之间的关系一样。高级形态的宗教是连接万物与造物主的属灵纽带，同时也是连接从生到死、从死到生的桥梁。它不仅可以有助于人们在理论上更好地认识绝对性（The Absolute），而且，它也有助于用上帝的灵激励、充满和圣化（sanctifies）自己的整个人生。宗教，特别是像犹太教这样的宗教，就像爱情一样，既不是片面的唯物主义，也不是片面的唯心主义，而是身体与灵魂的合一。在古代，犹太教最危险的敌人是对宗教持一种粗鄙的感官主义（sensualism）和一种唯物主义之爱，也即是巴力崇拜（Baal Worship）。[1] 在中世纪，

---

① ［中译按］巴力（Baal）：古代中东许多民族——特别是迦南人——所崇奉的司生养化育之神。

犹太教最危险的敌人则是对宗教的唯心主义之爱，也即是基督教。在世界历史的进程中，由于犹太人的古代先知与中世纪的拉比保存了犹太宗教的纯洁性，让它避免了前面所说的这两种堕落，从而使得犹太民族在过去和现在一直都充满了生机和创造力，同时也充满了和谐与神圣的爱。伦理-宗教倾向（the ethico-religious tendency）与科学-哲学倾向（the scientific-philosphic tendency）既密切相关，但却又截然相反。两者都从无穷无尽的生活之源中汲取力量。然而，尽管宗教可以让个体具有无穷性，但是，哲学思想与科学思想仍然可以抽离它的所有个体形态与主观形态。客观性的哲学与客观性的科学同生活没有直接地联系；宗教教义方才同生活紧密相连，因为，宗教教义与民族的生活、社会的生活和伦理的生活是同一的。

　　我已经偏离了自己的思想主张。我只是想向你解释，我自己为什么不与人道主义者和解与结盟——人道主义者竭力地清除人类机体中的所有差异，他们在错误的"自由"（freedom）和"进步"（progress）观念的支配下建造专制和无知的祭坛，而我们轻率的年轻人则为这种祭坛提供了祭品和能量。

第十封信

你之前给我提出过"博爱主义抑或民族主义"（Humanitarianism or Nationalism）的难题，你现在再一次地给我提出了另外一道难题，即"自由抑或必然性"（Freedom or Necessity）的难题。认为人类是一种更为高级的生物体（a higher organism），认为支配各民族的永恒法（eternal law）同样支配了大地与自然，你觉得，这些都是纯粹的宿命论问题。你认为，在宇宙的生活和生物的生活中，根本就不存在任何道德力量，只存在预定的自然力量在起作用。但是，社会的生活（social life）却同它们完全不同。它可能确实要受到自然条件的限制，但是，自由人的自由意志可以克服自然的宿命论，从更高的意义上而言，没有道德与进步是根本不可想象的。

我很高兴地看到，你精通德国思想中的那些更为高级的哲学概念。我认为，"道德自由"（Moral Freedom）是人和人类的定数（destiny）。但是，对我来说，人类的这种目的与对上帝的认识是同一的，对此，犹太教从一开始就向所有民族进行了这样宣扬，而且，自斯宾诺莎以来，它也很容易被所有民族所了解。

正如工业投机与资本统治不是物质发展的最后目的一样，哲学思考也不是精神发展的最后目的。作为获得物质财富和精神财富的手段，精确的科学（只能通过观察、经验、钻研和研究来予以认识）似乎与哲学并不契合,哲学将精神提升到自然之上,宗教则使精神和自然神圣化,并使它们从属于一个实体之中。然而,这种不一致会随着那种愈加丰富的知识——将自然与历史法则理解为同一个东西——的出现而消失,尽管在人类的发展历程中,这种不一致有其合理性与必然性。①

即使到了今天,科学、哲学与宗教这三者也没有取得和解。这种理论上的相互矛盾之处的原因——就像社会生活中的实际的对立一样——在于人类各阶层发展的不平等性,在于统治民族、统治阶级与被统治民族、被统治阶级之间的关系,也在于体力劳动及其报酬与脑力劳动及其报酬之间的差异。这种不平等性与差异性会随着文明程度的增高而增高,整个古代社会就是因为不平等的增大而毁灭的。然而,你肯定会承认,经验科学中的事实与哲学中的事实并没有什么不同,或者,哲学中的事实与宗教的事实也没有什么不同。科学、哲学和宗教并不会相互排斥;最坏的结果无非是,它们三者之间彼此互不理睬;然而,它们最后肯定又会彼此之间相互支持,凝结成统一的力量,从而促进人类的进步。

我们首先要明白我们自己对"自由"(Freedom)与"进步"(Progress)观念所存在的误解!

信仰一种理性的、可认识的神圣律法(Divine Law)已经通过犹太教的教义和历史给揭示出来了,这种对神圣的天意(Divine Providence)与对造物主计划(Plan of Creation)的信仰,不是一种对不可理解的盲从命运的信仰。这种信仰排除了任性的自由(arbitrary

---

① 参见《发生学的世界观》(*Die genetische Weltanschauung*);《哲学和经验科学的成果》(*Resultat der Philosophie und der Erfahrungswissenschaften*),摩西·赫斯(M. Hess)著,载于《思想》(*Der Gedanke*)杂志,第三卷第 103 页。

freedom)与无法律的自由(lawless freedom)。我并不赞同唯物论者的观点：生物世界(the organic world)与精神世界(the spiritual world)——同无生物世界(the inorganic world)一样——都服从于同一种外在机制的法则之下。相反,我坚持认为,宇宙的机械现象有着相同的计划和目的,它们——就像有机的运动现象和精神的运动现象——都起源于同一种神圣的生活(Life)。自然与人类都要服从于同一个神圣的律法(Divine Law)。就遵守神圣的律法而言,它们之间的首要区别是,自然世界具有盲目性;然而,人类——如果它发展完备的话——却有自己的意识与意志。另一个重要的区别就是,宇宙世界与生物世界这种自然生活领域——我们在它的基础之上建造了我们的社会生活和人类生活——已经完成了自身的发展,然而,人类仍处于其生活的创造进程(its life-creating process)之中。这种区别导致了我们对"自由"与"进步"观念的误解。只要人类社会仍处于其自身机体的自我发展之中,就创造能力而言,人就会是一个无法估量的且不受限制的实体,尽管人的创造性也要像自然一样服从于永恒的神圣法则。之所以会对自由的概念产生错误的理解,只是因为,我们不知道社会生活发展的法则及其最后的目的,然而,我们之所以不知道这个法则,这也是因为我们仍处在发展之中。

然而,尽管科学仍对这种支配社会生活发展的法则保持沉默,但是,我们的宗教天赋却在很久以前就发现了这个法则。从我们的历史开启以来,我们犹太人一直都相信,弥赛亚时代(Messianic Era)将来肯定会到来。这种信仰通过我们严守安息日(Sabbath)的宗教形式而表现出来。遵守和庆祝安息日是我们思想的具体化,这种思想就是,未来我们肯定会进入一个历史的安息日(Sabbath of History),就像过去我们进入了一个自然的安息日(Sabbath of Nature)一样。

换言之,历史会像自然一样,最终会进入一个和谐而完美的时代。圣经的创世故事(The Biblical Story of Creation)完全是因为安息日的缘故而讲述的。它用象征性语言告诉我们:当造物主完成了对自然世界与人(地上最高级的生命形式)创造后,造物主就庆祝起了祂的自然的安息日(His Sabbath of Nature)来,从那之后才开始了历史的工作日(the working days of history);接着,造物主开始了对社会世界(the social world)的创造,在完成了对世界历史(world history)的整个工作之后——亦即步入弥赛亚时代——祂将会庆祝对它的安息日(its Sabbath)。这下你应该明白了摩西的《创世纪》(The Mosaic Genesis)的重大意义了吧,那些超自然主义者们(supernaturalists)甚至在摩西的《创世纪》中发现了一种科学体系。正如你所看到的,安息日律法确保了支配自然与历史的我们神圣律法的和谐性与永恒性。

在自然的意义上,我们可以说,所有的生命都是自由的,它们可以根据自己的意志与内心召唤而自由地生长。然而,在道德的意义上,只有那种遵循自己的意志和意识的生命——他的意志同上帝的意志和律法是一致的——才是自由的。其他形态的意志都是恣意的(arbitrariness),不具有意志的那种神圣特征,它们只有激情和自然本能。追求这种激情与欲望之人,只会越来越偏离理性之路和道德之路,他们的内在人格是不完整的。人类不应该为这种消极性的东西感到自豪,相反,它是阻碍人类发展的一种疾患。它会使人类显得比动物还要低级,因为,动物的生命(animal life)——就像植物的生命(plant life)一样——在我们的时代已经得到了全面的发展。

世界的法则(the law of the universe)都是关于起源与发展的法则。换言之,都是关于"进步"(Progress)的法则。在这三种生活领域中,这种法则仍没有得到认识。因为,只有等到社会发展的最后阶段,我们才能完全地认识这种法则。因此,我们不可能科学地认识历史的法则(the law of history);对我们来说,上帝之路确实存在,但仍然崎岖遥远。然而,由于犹太人的宗教天赋和他们的神圣启示(Divine Revelation)——它们以多种方式不断地进行呈现:首先是先知的预言,其次是神秘主义,最后是哲学沉思——它们无疑可以让人类的精神更加接近对这种法则的认识。但是,我们仍需要借助于经验科学,来进一步地探究历史的法则。通过自己的科学研究和历史研究,我可以得出以下结论:只有一种法则支配了所有的运动现象与生活现象,不管这种运动现象与生活现象是宇宙所有领域的,抑或地上所有生物的,还是历史上所有民族的。

同植物世界和动物世界一样,社会性的人类世界也几乎没有什么持续的、无限的进步,人类世界的尽头仍然是未充分发展的人(undeveloped man);同宇宙的生活领域一样,它的舞台是无穷无尽的空间。① 所有的东西都会历经产生、发展、高潮(自身目的的成就)和死亡,进而在永恒、无穷、和谐与神圣生活的永恒周期中重新形成一种新的生命实体(a new life entity)。我们所说的"进步"(Progress)是从种子阶段到成熟阶段的发展过程。在这个阶段,所有的存在(every being)都实现了它自身的使命。

从单原子到全世界范围、从最低级的滴虫到最高级的人类等等所有的存在,它们的发展进程都是如此地不同,因此,它们的成熟与最后的命运也同样是如此地不同。但是,没有任何东西可以生活在一成不变的时空之中;没有任何东西是永恒不变的,所产生的所有东

---

① 参见《诸民族论:宇宙生活、有机生活、社会生活的比较》(*Essai d'une genèse de la vie cosmique*, *organique et sociale*),载于《哲学与宗教评论》(*Revue philosophique et religieuse*),1855—1856 年。

西最终都会在实现了自身的使命后走向死亡，进而它们又会重新形成一种新的生命形式。

行星在一个我们根本没有办法丈量的巨大而浩瀚的时空中诞生与发展；星球上的生命都经历过一个完整的古生物时代（Paleontological Era）；最后，只有在人类——人类在生物世界进入了成熟阶段之后才开始了自己的精神进程和社会进程——完成了自身的历史进程（但人类自身的这种历史进程绝不是无限的或者无穷的）后，人类才能实现自身的使命。

任何东西的产生都需要一个酝酿或者培育的时间，但是，它必须在一个有限的和确定的时间来完成自身的发展。

我们注意到，只有一个永恒的、无时间的和无空间的独一上帝（Being）。我们注意到，祂通过独一、绝对的律法支配着自然与历史，而犹太教是唯一一个在自然与历史领域具有神圣启示的宗教。

沉思与行动、理论与生活，这都是不可分割的。冲突、斗争，甚至美德的胜利（victory of virtue）只存在于对上帝的全面认识之前。在这个时代，我们必须努力地追求道德；然而，在我们完全地认识到了上帝或者祂的律法在我们中间的完满后，我们就必须过有道德的生活。这种道德强制是神圣的。

因此，在自然与历史中揭示了神圣律法的统一性与神圣性的犹太教，甚至从一开始就提出了对神圣性的要求，那就是，神圣性应该成为一种生活的理想；犹太教的先知们都预言了这个时代的来临，那就是，人类终将实现对神的全面认识（《利未记》19：2①；《耶利米书》

---

① ［中译按］你晓谕以色列全会众说：你们要圣洁，因为我耶和华你们的神是圣洁的。（《利未记》19：2）

31：31,33,45^①）。

我们不能描绘出任何关于上帝的神圣本质的时空形象,也描绘不出我们自身的神圣本质的时空形象;完满的认识无疑是对时间性和空间性的完全克服,亦即在宇宙的生活、生物的生活和社会的生活中对历史进程的时间性和空间性的完全克服。随着时间的推移,当我们在描绘永恒性时,我们所展现的只是我们自己那些不完美的发展和未成熟的认识。这样的描绘恰恰证明了我们犹太宗教的神圣性,只不过它现在不是很完美而已。确实,神圣精神的启示指向的不是别的什么未来,而是成熟时期的社会性世界(the social world)的未来。根据我们的宗教教义,这种时代将伴随着弥赛亚时代(Messianic Era)一起来临。在弥赛亚时代,犹太民族和其他所有民族都将会过上一种新的生活,弥赛亚时代是一个"死者复活"(Resurrection of the dead)的时代、"上帝降临"(the coming of the Lord)的时代、"新耶路撒冷"(New Jerusalem)的时代或者其他类似称呼的时代。

当前的这个弥赛亚时代由斯宾诺莎开启,它随着法国大革命最终一起步入了世界历史的进程。^② 那些随着法国大革命而开启复兴进程的民族,他们所重建的自己本民族的宗教明显受到了犹太教的影响。

像宇宙的生活领域与生物的生活领域一样,社会的生活领域(the social life sphere)也可以分成三个时期,这三个时期的内在结构

————————

① ［中译按］耶和华说,日子将到,我要与以色列家和犹大家另立新约。(《耶利米书》31：31)耶和华说,那些日子以后,我与以色列家所立的约乃是这样,我要将我的律法放在他们里面,写在他们心上。我要作他们的神,他们要作我的子民。(《耶利米书》31：33)在基督教圣经中,不存在《耶利米书》第三十一章第45节,在这里,摩西·赫斯显然是根据犹太教圣经的章节顺序来进行写作的。

② 在他1836年所出版的第一本著作中,赫斯已经表达了这种观点。

同这三种生活领域非常地相似。第一个历史时期——也即是古代犹太教和异教时期——是社会生活的古生物时期。一方面，它相当于生物生活的发展历史中的胚胎时期，最终在第三纪（the tertiary period）随着现存生物的产生而终结；另一方面，它也相当于宇宙生活领域中的世界形成时期，这是一个彗星和星云时期，这个时期最终会以星体的产生和出现而终结。

第二个历史时期——也即是中世纪犹太教、基督教和伊斯兰教时期——是现代社会的诞生时期。它相当于生物领域中现存生物的产生时期，同时，它也相当于宇宙领域中行星的诞生时期。

第三个历史时期——也即是社会生活领域的当前时期——相当于生物领域中成熟的生物时期，同时，它也相当于宇宙领域中星系的成熟时期。

在宇宙领域，这种成熟时期始于卫星或者双星（double stars），终结于太阳系的完备（perfection）；在生物领域，它始于史前时期，最终终结于人类众民族的完成（completion）。在社会领域，它尚未完成；它现在正在进行最后的种族斗争和阶级斗争，以让所有的对立方达成一种和解和在生产与消费之间建立一种平衡，最终达到生活的完满与和谐（这是每一个成熟时期所共同具有的特征）。

第十一封信

　　现在你又要我回到耶路撒冷的问题。你把我所复兴的犹太教这种高贵的宗教同古以色列的"血腥的献祭仪式"（Bloody Sacrificial Cult）①进行了对比；你反对古以色列的这种"血腥的献祭仪式"，并认为，正统犹太人在没有恢复这种献祭仪式的情况下从未赞成重建圣殿。同时，你认为，我对自己民族的爱也远没有达到去接受这种献祭仪式的程度。如果这种献祭仪式确实与犹太民族主义密不可分，那么，我就应该毫无保留地接受它。然而，直到现在，我仍然持一种相反的看法。我们高贵的宗教只有对人类的爱和对上帝的认识，这种献祭仪式根本就不是它必需的一个组成部分。

　　这似乎是无法解决的问题，然而，在历史的发展进程中，这些问题都是可以解决的。这样的问题属于宗教仪式问题，也属于明确的崇拜形式的培育问题——在其发展的每个时期，创立其自身宗教的那个民族的伦理-宗教精神（ethico-religious spirit）都会导致这个问题。

　　迈克尔·萨克斯（Michael Sachs）说："现实性的根基太过宽泛而

---

　　① ［中译按］这种"血腥的献祭仪式"（Bloody Sacrificial Cult）指的是圣经时代圣殿中宰杀牛羊的献祭仪式。

无法被先在性的规范体系所涵盖；甚至确定性的规范也无法抵挡自由式生活的巨大影响而保持原封不动。现行的水流冲垮了防护它的堤坝，漫灌到了它的转弯处，蜿蜒地流进了岸边坚硬的石头中间。"只有在塑造宗教规范的这个民族消亡之后，这些宗教规范才具有一种严格的形式。然而，一旦这个已消亡的民族生命（the extinct national life）重新复活，也即是，当一个民族的发展洪流迫使它自己重新漫灌到那个严格宗教规范的"转弯处"（Bends and Windings）时，这种严格形式的宗教规范就会从宗教生活中消失。

当以色列的儿女对他们自己的民族感到自惭形秽时，源于犹太人生活和教义的这种神圣精神，以及犹太民族的创造天赋就已经远离了以色列。然而，当它唤起了一种新的生活和创造了我们现在根本就不会想到的新东西时，这种精神将重新使我们民族焕发生机。

没有人能预测新生生活是什么样子和形态，也没有人能预测重生民族的精神是什么样子。犹太宗教的现在形态与它的古代形态肯定存在很大的区别。献祭仪式本身根本就没有包含任何反人道主义的东西。相反，与古代生活在以色列周边的所有其他民族恐怖的献祭习俗相比，犹太人的动物献祭恰恰是一种人道主义的胜利。即使到了今天，献祭也仍然是对虔敬精神的一种自然性表达。歌德（Goethe）就曾讲述过，在他孩提时代，满足自己对宗教的渴求（religious craving）的唯一方式就是向上帝献祭，那就是，把一根点燃的火柴扔进自己最心爱的玩具当中。

可以肯定的是，动物献祭是我们的《托拉》对异教信仰所作的一种妥协，以防止犹太教滑向异教信仰，或者，这种动物献祭仪式存在着一种不为我们所知的意义性和必要性。毋庸置疑的是，比起我们现代人在没有献祭和仪式的情况下就食用带血之肉，犹太人肯定对那种溅出血(spilling of blood)和食用血(consuming of blood)的行为更加反感(因为血意味着生命),尽管他们有所谓的"血祭"(despite their "Bloody Sacrifice")。另一方面,我们的古代先知和中世纪的拉比从来没有把这种献祭仪式视作犹太宗教不可或缺的一部分。正如动物献祭取代了活人献祭一样,祷告后来就取代了动物献祭。对此,先知与神圣的诗人(holy singers)已经反复多次地宣布过了,例如,《何西阿书》第六章第6节(Hosea VI, 6),①《弥迦书》第六章第6—8节(Micah VI, 6-8),②《以赛亚书》第一章第2节和第六十六章第1节(Isaiah I, II; LXVI, I)。反对这种宗教仪式的论战实际上包含了反偶像崇拜(idolatry)的预言性信息(the prophetic *messages*)。根据《何西阿书》第六章第6节(Hosea VI, 6)所作的预言,拉比约哈南·本·扎卡伊(Rabbi Johanan ben Zaccai)主张通过慈爱(charity)来取代献祭。③ 这种宗教——我们总有一天会在新耶路撒冷实现——现在仍是一个悬而未决的问题(an open question)。无论是在当下,还是在犹太民族复兴之后,否定这种宗教都是不可想象的,因为,自从耶路撒冷被毁以来,犹太人的祷告无处不是对耶路撒冷陷落的悲恸和对复兴犹太民族的希冀。这种新形态的宗教肯定会与这个复兴的犹太民族一起携手并进。

———————————

① [中译按]我喜爱良善(或作怜恤),不喜爱祭祀;喜爱认识神,胜于燔祭。(《何西阿书》6:6)
② [中译按]我朝见耶和华,在至高神面前跪拜,当献上什么呢?岂可献一岁的牛犊为燔祭吗?耶和华岂喜悦千千的公羊,或是千千万万的油河吗?我岂可为自己的罪过,献我的长子吗?为心中的罪恶,献我身所生的吗?世人哪,耶和华已指示你何为善。他向你所要的是什么呢?只要你行公义,好怜悯,存谦卑的心,与你的神同行。(《弥迦书》6:6-8)
③ 关于本·扎卡伊(Ben Zakkai)所作的教诲,参见《巴巴-巴特拉》(Baba Bathra),10b。[中译按]Rabbi Johanan ben Zaccai 亦写作 Rabbi Johanan ben Zakkai。

　　罗马不是一天建成的；新耶路撒冷的重建也需要足够漫长的时间。今天我们要为犹太民族的复兴所做的最重要的事情就是：永葆我们民族政治复兴的希望，让这个希望生生不息，永不消亡。当国际局势允许我们犹太人实际开启对犹太国（Jewish State）的重建之路时——犹太人在东方正积极地自我准备着——最重要的开启性工作就是在祖先之地（The Land of the Fathers）建立犹太拓殖地（Jewish colonies），届时法国必将会伸出援助之手。想想先知以赛亚（《以赛亚书》40：1－5）的话吧：

你们的神说：

"你们要安慰我的百姓。

要对耶路撒冷说安慰的话，

又向他宣告说，

他争战的日子已满了，

他的罪孽赦免了，

他为自己的一切罪，

从耶和华手中加倍受罚。"

有人声喊着说：

"在旷野预备耶和华的路，

在沙漠修平我们神的道。

一切山洼都要填满，

大小山冈都要削平。

高高低低的要改为平坦，

崎崎岖岖的必成为平原。

> 耶和华的荣耀必然显现，
>
> 凡有气血的必一同看见，
>
> 因为这是耶和华亲口说的。"

你现在难道不相信这些预言——这些预言始于第二以赛亚（the second Isaiah），终于先知俄巴底亚（The Prophet Obadiah）①——其实就是我们当下这个时代的生动描绘吗？难道没有作好准备吗？难道不是在旷野中通过开凿苏伊士运河（Suez Canal）以及建造联结亚洲与欧洲的铁路来发展文明吗？在我们犹太民族复兴的这个问题上，他们现在确实没有这方面的想法。但是，你也只知道这样一句格言，"谋事在人，成事在神"（Man proposes and God disposes）。正如他们曾经向西寻找通往印度的路上偶然地发现了一个新世界一样，我们今天也可以在通往东方的印度和中国的路上找到我们所失去的祖国。

---

① 必有拯救者上到锡安山，审判以扫山，国度就归耶和华了（And saviors shall come up on Mount Zion to judge the mount of Esau; and the kingdom shall be the Lord's）。（《俄巴底亚书》1：21）

[中译按]《俄巴底亚书》总共只有一章 21 节，是《旧约》中篇幅最短的一卷。它记载了上帝的审判信息，预告祂行将毁灭一个国家和预言上帝王国必将赢得最后的胜利。

第十二封信

法国人厄尼特斯·拉哈兰尼(Ernest Laharanne)出版了一本小册子——出于纯政治与人性的考量,它号召犹太人重建自己的国家——我向你引用了其中一些内容,这些内容似乎让你激起了一些新的想法。你认为,基督教国家应该不会反对犹太人的国家重建,因为,他们希望通过犹太国家的重建来摆脱这些外来人(犹太人)所造成的麻烦。不光是法国人,就连德国人和英国人,都不止一次地表达了支持犹太人回到耶路撒冷的主张。你还向我提及了一位英国人的名字,这位英国人从《圣经》(Bible)上找出了犹太人最终要回到耶路撒冷的证据,只不过所有的犹太人同时要皈依基督教。另一位英国人则试图证明当下的英国王室直接源于大卫王朝(Davidic dynasty),而且,他试图证明我们族长雅各(Patriarch Jacob)梦见那把著名梯子(the famous ladder)①时所卧睡的那块石头也在英国诸国王加冕的过程中扮演了重要作用。最后,第三个人将会慷慨地安排所有的英国船只,免费地搭载所有渴望返回巴勒斯坦的犹太人回到故土。然而,

---

① ［中译按］亦即雅各的梯子(Jacob's Ladder):《创世纪》第二十八章第11—12节在描述族长雅各(Patriarch Jacob)在逃离自己的哥哥以扫(Esau)期间所梦见的一把连接天与地的梯子。到了一个地方,因为太阳落了,就在那里住宿,便拾起那地方的一块石头枕在头下,在那里躺卧睡了,梦见一个梯子立在地上,梯子的头顶着天,有神的使者在梯子上,上去下来。(《创世纪》28:11‐12)

相较于早期对犹太人的野蛮流放而言，你认为，这似乎只是一种温和的愿望而已；但是，我们犹太人仍应该对这种温和予以最诚挚的感激。另一方面，这些类似的诸多方案肯定暗含有很多潜在的宗教狂热或者世俗狂热，这是毋庸置疑的。对于这样的方案，如果是出自虔诚的基督徒之手的话，那么，它们肯定会招致所有犹太人的反对；另一方面，如果是出自虔诚的犹太人之手的话，那么，它们肯定又会招致所有基督徒的反对。因为，后者同意犹太人返回巴勒斯坦的前提条件就是，新巴勒斯坦要重新采用古代的献祭仪式，而前者支持这个计划的前提条件则是，我们犹太人要把我们的犹太宗教带到圣墓（Holy Sepulchre）以作为对基督教的献祭。你认为，犹太人所有的民族宏愿（national aspirations）都会不可避免地在这种意见分歧中化为泡影。

如果严格的基督教教义与坚定的犹太教正统观念从未被当下的历史洪流所影响（affected）的话，那么，毫无疑问，他们对我们民族的爱国斗争肯定设置了一个无法逾越的障碍。因此，只有当这种严格性（rigidity）遭到松懈（relaxed）或者破坏（broken）后，重新占据我们祖先故地的想法才能予以认真考虑。现在，不仅那些"进步的"犹太人和基督徒，甚至连那些虔敬的犹太人和基督徒都开始了这种严格性的松懈过程。此外，《塔木德》——《塔木德》是现代犹太正统观念的基石——很早就告诫我们要服从于生活的指令。

如果犹太民族主义是一场生机勃勃的（living）运动，那么，它就不会害怕任何困难，并且，它甚至会立即展开政治重建。尽管"豺狼必与绵羊羔同居"（when the wolf shall dwell with the lamb）①的时代

---

① ［中译按］参见《以赛亚书》第十一章第 6 节。

仍未到来，但是，占统治地位的多数派已经不再有饿狼一样的贪欲，被压迫的少数派也没有了羊羔般的耐心。宗教宽容已经变成了一种比其他任何教义都更加普遍的信条。此外，正如我之前所说，我一直在想，所有复兴民族的未来宗教在形式上同当前的宗教（当前的这个宗教是从国民个体受压迫的那个时代起就一直代代相传给我们的）是如此地大相径庭，以至于我根本就看不出这些宗教对我们未来的民族性宗教是否会造成一种持续性的长久阻碍作用。最后，我必须再一次地强调，同其他所有民族的未来宗教一样，在时间上，我们未来的宗教不会在民族的重建之前，而是在民族的重建之后。

犹太民族主义运动的主要问题不是它的宗教性，而是怎样在我们"进步"的犹太人心中唤起爱国主义热情，以及怎样通过这种爱国主义热情把犹太民众从一种麻木不仁的形式主义中解放出来。如果我们从一开始就能取得了成功，那么，我们就将克服现实中所遇到的各种困难。只有当所有犹太人的心灵全都彻底死去，只有当所有犹太人全都不再有爱国主义的热情，我们才能放弃我们的理想——就像其他所有伟大的理想一样，我们的理想不可能不通过艰苦的斗争就轻易实现。

犹太人拥有足够充足的常识，因此，他们不会被宗教狂热——当下的这种宗教狂热没有任何的根基——所带入歧途，尽管他们惨遭启蒙运动（Enlightenment）与正统观念（Orthodoxy）所误。但是，我们民族这种审慎的现实感最终会赢得我们那些仍有一颗犹太心灵的犹太兄弟，不管他们看起来多么地进步或者正统，因为，民族主义的宏愿只能在现实的基础之上前行。

进步的犹太人反对犹太国家的重建，然而，他们的反对意见不是基于智识上与心灵上的高尚性——智识上与心灵上的高尚性从来不会畏惧这项伟大任务所要面对的困难，也从来不会考虑完成这项伟大任务所要面对的牺牲——而是基于道德上与智识上的狭隘性，这种狭隘性不能把民族的不幸及其拯救手段提升到一个更高的人道立场之上。正如海涅（Heine）以及所有像海涅一样深受启蒙运动影响的犹太人所感觉到的那样，在两千年的时间中，犹太宗教与其说是一种宗教，倒不如说是一种不幸。然而，"进步的"犹太人却一厢情愿地认为，通过启蒙和改教，他们能够逃脱这种不幸，这根本就是一种自欺欺人而又徒劳无功的做法。所有的犹太人——不管他愿不愿意——都跟他自己的民族紧紧地联系在一起；只有当犹太人从数千年的重负中解放出来后，我们才能彻底消除那些"进步"犹太人的那种自欺欺人的做法。我们所有人都必须承受"天国"（Kingdom of Heaven）①之轭，一直到最后。

现代启蒙运动的最大诱惑可能就是沉醉在一种迷梦之中，而这种迷梦就是整个犹太民族可以借助虚弱的人道主义来远离犹太教，这很可能导致犹太教的灭亡。今天，即使最肤浅的理性主义者（Rationalist）也不再怀有这种人道主义的幻想。由于缺乏对自然生活与历史生活的深入探究，现代犹太教的历史演化已经为理性主义者打开了一扇窗户；但是，即使在西方（Occident）——犹太教与一般文明（general civilization）联系最密切的地方——启蒙运动也不可能瓦解古代犹太宗教。即使到了今天，大部分西方犹太人仍对他们的古老宗教满怀敬意。出于物质利益诱惑的解放和改宗全都不能使绝大部分的犹太人真正放弃自己的犹太教信仰。相反，近来同情古老犹太生活方式的人数却越来越多，而这些人之前却争相抛弃犹太教。

---

① ［中译按］Kingdom of Heaven 亦写作 Ol Malchut Shamaim。

主张同化犹太人的观点毫无影响力,绝大部分犹太民众仍保持犹太信仰。民众从未在所谓的抽象观念的影响下迈向进步,行动的源泉比社会主义革命者所想象的要深得多。犹太民族,包括所有生活在自己土地上但却遭受压迫的其他民族,他们的民族独立必须先于政治-社会(political-social)的进步。对他们来言,一块普通的家乡土地是良好的经济生活的主要保障。就像植物与动物一样,社会中的人们也需要一块自由而宽广的土地来保障繁荣与进步,如果没有土地,他就会堕落成社会的寄生虫,只能靠损害别人而维持自己的生存。这种通过剥削人民而获得生计的寄生性生活方式无疑在人类历史上发挥了重要作用,而且,这种寄生性方式绝不仅仅是犹太人所独有。只要科学和工业没有发展到足够发达的程度,那么,任何一个民族所拥有的土地都没有大到足够养活他们全部人口的程度;因此,为了奴役其他民族或者建立自身的统治地位,众民族就不得不大打出手。然而,自从现代科学与现代工业开始统治这个世界以来,依靠人剥削人的这种动物性统治原则已经一去不返了。

文明国家现在正准备通过科技进步和科技成就来开发自然资源,这就不再需要任何中间性的寄生性组织或者个人了,而且,这种寄生性组织或者个人再也没有了产生的土壤。通过摧毁所有的种族统治和阶级统治以及组织一个联合所有生产性力量的自由联盟,他们正在为赢得一块自由的国家领土而奋斗,从而为这个全新的时代做准备。在这个联盟中,资本投机与生产劳动之间的对立和哲学思考与科学研究之间的差异将会同时消失。我非常清楚,犹太人深切地感觉到他们非常需要健康和公正的劳动条件,而这种劳动条件取决于人对自然的开发。我也知道,把我们年轻一代的犹太青年训练成有用的劳动者,这需要付出巨大的努力。但是,我更知道,大流散时期的犹太人（至少大部分犹太人）从未从事生产性的劳动。这是因为，第一，他们缺少最主要的条件——祖传的土地；第二，他们没有被周围民族所同化，他们没有背弃自身的犹太教信仰与犹太教传统。提高犹太人的劳动条件虽然值得称赞，但却会毫无结果（它会间接地导致犹太教的毁灭），它会和改革运动的努力一样毫无结果（它会直接地导致犹太教的毁灭）。在大流散（Diaspora）时期，犹太民族不可能得到复兴。改革和人道主义除了引起背教的恶果之外，一无是处，对此，任何一个改革者，甚至任何一个僭主都从未成功过。只有在犹太人拥有自己的祖国之时，犹太人民才可以参加当下这场伟大的人道主义运动。然而，只要犹太民众坚持自己的特殊地位，甚至有小部分犹太人出于摆脱自己的特殊地位的目的而放弃了自己的民族传统，那么，这一小部分犹太人肯定要比那些坚持自己特殊地位的犹太人更痛苦，因为，后者只会感到不幸，但却不会感到羞辱。因此，犹太人——不管他是不是正统派——不可能出于纯洁整个犹太教的目的就不跟其他人合作。每一个犹太人，甚至包括那些背教的犹太人，都要为以色列的重建和复兴负责。

只有我们完全地理解了犹太人在历史上一直以来所扮演的悲剧性角色，我们才能找到治愈我们不幸的唯一方法。这个方法在目前不可能一目了然地看出来。由于法国人的同情心和法国人的政治利益的缘故，所向无敌的法国军队在推翻现代的尼布甲尼撒（Nebuchadnezzar）之后迟早都会把他们的救赎工作扩展到犹太民族身上……在法国给诸文明民族提供国家重建的这种慷慨帮助中，再也找不到像我们这样感恩图报的民族了。但是，犹太民族必须首先给世界展示其自身值得重建的价值以及实现国家重建的必要性。在那之前，我们无需考虑建造圣殿，但是，我们却必须考虑怎样吸引我们的犹太兄弟参与到促进犹太民族永恒荣耀与拯救全人类的事业中来。

如果犹太人未来在通往印度和中国的干线上拓殖，那么，他们既不会缺少足够的犹太工人，也不会缺少足够的犹太人才和犹太资本；如果有欧洲强国的保护，那么，这棵新的生命之树就会茁壮成长，结满硕果。

对我的犹太爱国主义信念，你报以同情的微笑。你无疑阅读过《隔都景象》(Scene from the Ghetto)①一书，而且，你让我想起了孟德尔·维尔纳(Mendel Vilna)这位老人——孟德尔·维尔纳重建圣城(The Holy City)与圣殿(The Temple)的思想赢得了罗斯柴尔德(Rothschilds)②的巨大兴趣，不过，孟德尔·维尔纳虔敬的希望只成功地激励了一位小孩童的心灵。这位小孩童后来长大成人，然而，当他读了大学后，他却聪明地认识到只有孩子和傻子才会想到重建耶路撒冷。你引用这个片段不过是想要证明，这位犹太诗人根本没有在虔诚的犹太人的爱国情感中看到任何深层的意义，他只把它们视为一种犹太人的圣诞树(Jewish Christmas trees)之类的东西，只能用

---

① ［中译按］Scene from the Ghetto 亦译作 Ghetto Scenes。隔都(ghetto)：城市中的一条街或一个街区，以分出来作为强迫犹太人居住的法定地区。对犹太人强行隔离的做法在14—15世纪遍布欧洲。犹太隔都通常都要用大墙围起来，设若干座门，夜间或宗教节日期间，门都上锁。犹太隔都通常都不能向四周扩建，因此，隔都的人口越来越多，房子越盖越高，火灾的危险越来越大，卫生条件也越来越差。

② ［中译按］这位罗斯柴尔德(Rothschilds)指代不明，罗斯柴尔德家族(Rothschild Family)是欧洲乃至世界久负盛名的金融家族。它发迹于19世纪初，其创始人是梅耶·罗斯柴尔德(Mayer Amschel Rothschild)。他和他的五个儿子即"罗氏五虎"先后在法兰克福、伦敦、巴黎和维也纳，那不勒斯等欧洲著名城市开设银行。建立了自己的银行产业链，而后伴随着支援威灵顿的军队资金、淘金、开发苏伊士运河、马六甲海峡资助铁路、开发石油等，家族不断兴盛，并影响了整个欧洲乃至世界历史的发展。建立了当时世界上最大的金融王国。在鼎盛时期，他们翻云覆雨的力量使欧洲的王公贵族也甘拜下风。但是，在时代的起伏中，这个家族仍不可避免地衰弱了。

来逗逗幼稚的小孩子和年龄大的傻子。

亲爱的朋友,所有这些都是真实的,但是,它只适用于这位深受"日耳曼文化"(Germanic Culture)影响的现代诗人,而不适用于哈莱维(Jehudah Halevy)这样的诗人——哈莱维在自己的犹太诗歌中倾注了满腔的热血。哈莱维——渴望拥有土地的梦想一直都在深切地激励着他——一直在热烈地追随朝圣者的脚步,仅仅只为了在自己深爱的土地上找到一块属于自己的墓地。这位诗人的描写确实没有刻画出犹太人的真实生活。你肯定听说过这样一句格言:"孩子和傻子道出真理(Children and fools tell the truth)。"孟德尔·维尔纳(他有点神经质)与莫里茨(Moritz,他当时的名字是"莫舍勒"[Moishele])的思想代表了从耶路撒冷被毁到现在所有时期所有虔敬犹太人的基本思想。这样的犹太人仍然很多,包括备受尊敬的康佩特(M. Kompert)和富可敌国的"罗斯柴尔德家族"(House of Rothschild)。

此外,你不应该忽视下面这个事实:康佩特借一位学生之口拒斥犹太民族主义——当时他对犹太民族的复兴事业心存怀疑——这只不过反映了那个时代所特有的怀疑主义精神。进步的犹太人,尤其是进步的德国犹太人,如果最近几年他公开声称自己支持犹太复国主义,那么,谁不会说他发疯了呢?况且,康佩特利用了这个犹太学生,尽管表面上看起来康佩特在理论上持一种中立的态度,但是,实际上他却全身性地投入到了犹太复国事业,有一位波西米亚朋友(a Bohemian friend),他对胡萨德·茨斯卡(Hussand Ziska)的理论非常有兴趣,不过,他后来最终成为了一名把酒杯和刀剑换成十字架和香炉的富有牧师。因此,我发现,康佩特所描写的进步的犹太人不再是一群可悲的旁观者,不过,我们很多德国犹太人直到现在仍然饱受这样的指责。正如我之前所说，今天我们再也不能这样毫无保留地指责他们了。

亲爱的朋友，请不要忘记，正是你批评了我对进步的德国犹太人的严厉非难，对此，我不得不予以一番说明。我已经认识到了犹太人爱国主义的有益作用，这种有益作用可以有效地对抗旁观主义——在人们心中，旁观主义更为"时尚"（fashion），也更为"新潮"（Up-to-date）。我们的犹太兄弟是如此强烈地渴望回到先祖之地——甚至他们去圣地（Holy Land）参观的目的就是为了埋葬在那里——以至于它甚至都俘虏了那些"进步"的犹太人的心灵。频繁地前往耶路撒冷旅行、主动地帮助那里的犹太兄弟以及在巴勒斯坦建立教育与慈善机构等等，所有这些事情都不再只是正统派犹太人（orthodox Jews）所特有的专利。问题的关键在于，我们犹太人伟大的爱国事业需要更多可供实施的计划。

同其他所有地方一样，在耶路撒冷，每当他们希望通过建立慈善组织和分发救济金来解决我们犹太兄弟的不幸之时，或者，每当他们希望通过（无任何社会性根基的）教育的方法来促进我们东方犹太兄弟的道德-精神（moral-spiritual）进步之时，我们的犹太慈善家和犹太人道主义者总是会遇到无法逾越的障碍。获取家乡一块普通的土地、制定完善的法律体系（以完善的法律保护和繁荣自己）以及根据摩西式的原则（Mosaic principles）——亦即社会主义原则——来建立农工商社会，这些都是东方犹太教再一次复兴的根基，古代犹太爱国主义的星星之火也最终会星火燎原起来，进而整个犹太教也都会复兴起来。共同的犹太爱国主义根基会让犹太人（不管他是虔敬的犹太人，还是进步的犹太人，也不管他是贫穷的犹太人，还是富裕的犹太人）认识到自己是英雄的后裔——他们同古代世界最强大的民族埃及人(Egyptians)、亚述人(Assyrians)①、希腊人(Greeks)与罗马人(Romans)进行战斗,并一直战斗到古代世界的终结,而且,他们也是古代世界唯一幸存下来的民族。与世界史上其他任何一个民族不同,他们是唯一一个承受两千年殉道的民族,同时,他们也是一个一直高举自己的民族性旗帜——亦即律法书(the Book of the Law)——的民族,犹太人也正是由于这个原因而备受迫害……

现在我手上有一本用希伯来语写就的著作,这是一本由一位犹太学者所撰写且最近刚刚才出版的著作;在用一种《塔木德》的立场(a Talmudical standpoint)详细讨论了犹太民族主义问题后,这位学者得出了与那位法国基督徒(the Christian Frenchman)在其《一个新的东方问题》(*A New Oriental Question*)一书中所得出的相同结论。对于这些结论,我深表赞同。正如我对那本法语著作所做的那样,现在我就从这本希伯来语著作中给你引用一些段落,以便与你一起进行交流。这位作者用了下面这些话来结束自己的著作:

"即使恩典的时间(Hour of Grace)仍未到来,我们也应该好好思考一下,我们应该怎样把锡安上的上帝祭坛(Altar of the Lord)矗立起来;即使我们没有希望赢得土耳其苏丹(Turkish Sultan)的同意,下述建议也仍然是可行的,更何况我们还有上帝的恩典,以色列出现

---

① [中译按]亚述(Assyria):亚洲西部的古帝国,原为亚述城(伊拉克北部)附近的一个小地区,后来崛起为一个强国,统治范围从巴勒斯坦延伸到土耳其。亚述可能是在公元前第 3 千纪就已出现,后来它的势力才慢慢壮大。公元前 9 世纪是其鼎盛时期,当时在亚述纳西拔二世的统领下,远征到地中海地区。公元前 745—前 626 年左右,亚述帝国征服了以色列、大马士革、巴比伦和撒马利亚等地。后来的伟大君主包括提革拉·帕拉萨三世、萨尔贡二世、辛那赫里布和亚述巴尼拔。亚述人不仅以残忍和勇敢著称,在尼尼微、亚述城和卡拉等地的考古发掘证明,他们也是巨大工程的建筑者。相传,亚述巴尼拔在尼尼微的宫廷十分富裕。在艺术上,亚述人最有名的是石头浅浮雕。公元前 626—前 612 年间亚述帝国被征服,当时的米底亚和巴比伦尼亚(加尔底亚)的国王推毁了尼尼微城。

了大批拥有巨大政治影响力的人物，例如，蒙蒂菲奥里（Montefiore）、阿尔伯特·科恩（Albert Cohn）、罗斯柴尔德（Rothschild）、弗尔德（Fould）等等，这些人是犹太民族真正的犹太王公贵族（Jewish princes），自从犹太国家被毁以来，犹太民族就再也没有出现过这样的犹太王公贵族。上帝保佑他们！他们应该为圣地建造一个社会（*a Chevrat Eretz Noshebet*）！① 因为，对于虔敬的犹太人来说，再也没有比通过劳动来创造一个繁荣的圣地（the Holy Land）更伟大的事情了。世界各地杰出的和富有的犹太人无疑都会加入到他们的行列中去，犹太人都深爱着圣地。他们的行动应该包括以下几个方面：

"（1）募集捐款，以尽可能多地购买圣地中所废弃的城镇、土地和葡萄园，让这些不毛之地变成一个黎巴嫩（Lebanon），让这些废墟变成一个丰硕之地，让这些无人居住的荒凉之地像百合花一样再一次繁荣起来，像上帝应许的那样成为丰实之地。山丘与山谷、村庄与废弃的城镇就会逐渐地繁荣起来，也会逐渐地变得有利可图。

"（2）世界各地的犹太人，尤其是来自俄国、波兰和德国的犹太人应该被带进这个社区（the Society），让他们定居在巴勒斯坦。如果这些犹太人不是经验丰富的农民，那么，他们就应该得到农业专家的热心指导；如果他们是经验丰富的农民，那么，他们一开始就应该无偿地分配到一块土地，并始终获得社会资本的帮助，直到他们能够熟练地耕作土地和获得丰收。

"（3）必须建立一支强大的警察队伍，以防止贝都因人

---

① ［中译按］*a Chevrat Eretz Noshebet* 亦写作 *a Chebra Eretz Nosheveth*，希伯来语。

(Bedouins)的劫掠,以及用来建立和维持一个良好的社会秩序。

"(4)还应该建立农业学校,以培养犹太男孩与犹太青年的农业技能和提高巴勒斯坦地区的农业水平。农业学校可以建在巴勒斯坦,也可以建在巴勒斯坦以外的地区;当然,农业学校也可以教授科学与艺术,只要它们不与我们犹太教的高贵目的相冲突。但是,如果教授的是葡萄酒、橄榄油以及由圣地出产的其他水果的种植技术,那么,这种农业学校必须建在圣地巴勒斯坦,以有利于学生们直接在当地从事这方面的农业种植和专业培养。

"正如先知所预言的那样,上帝会用祂的恩典保佑我们,我们也会在圣地收获越来越多的财富,尽管一开始我们可能会遭遇一些困难。然而,尽管万事开头难,但是,我们必须要开这个头,不管它有多困难,况且,我还在《塔木德》(Talmud)和《米德拉什》(Midrash)①中找到了支持我们这样做的证据。"

这就是来自托伦(Thorn)②的拉比卡利斯基(Rabbi Kalischer)写

---

① 〔中译按〕《米德拉什》(Midrash):《米德拉什》(或译作《米德拉西》、《密德拉西》),是犹太教对律法和伦理进行通俗阐述的宗教文献,为犹太法师知识的研究与犹太圣经的诠释。《米德拉什》是希伯来文מדרש的音译,其涵义是解释、阐释,即《圣经注释》。其雏形在公元2世纪时已出现,全部在公元6至10世纪成书。犹太拉比们通过《米德拉什》将不同的观念引入犹太教,声称乃揭示早已存在经卷内的观念。全书按《塔纳赫》的卷序编排而讲解,称呼是在每书卷加上"米德拉什",例如《出埃及记》的解释,称呼为"出埃及记米德拉什"。《米德拉什》的内容分为两部分:《哈拉哈》(Halachah)和《哈加达》(Haggadah),但两者的主题思想并不是严格划一。《哈拉哈》意为规则,是犹太教口传法规的文献,为阐释经文的律法、教义、礼仪与行为规范,说明其生活应用。《哈加达》则意为宣讲,是阐述经文的寓意、历史传奇和含义等,并对逾越节的仪式和祈祷进行指导。大约在公元2世纪,《哈加达》的内容已见雏形,而最早的单行本则出现于公元8世纪。
② 〔中译按〕托伦(Thorn):托伦是波兰的一座城市,是1232年由条顿骑士团所建立。

下的话。

　　我在你面前大力赞扬我们民族积极向上的观念和主张虔敬的犹太人应基于共同的犹太民族主义思想而同那些进步的犹太人一起携手起来，难道我这种做法不对吗？

　　有消息称，1861 年 12 月在墨尔本（Melbourne）召开了一个重要会议，在这次会议上，犹太教与基督教的许多显要人物提交了一个非常类似的解决方案——这个方案是由法国学者与犹太学者共同起草的。这次会议采纳了这个方案，那就是，通过募集资金，从而为犹太人在巴勒斯坦地区购买土地。

　　不仅各种不同国家、不同阶层和不同文化程度的犹太人，而且许多基督教派别和众多不同民族都热情地参与到了我们犹太复国主义事业中来；最引人注目的是，他们一致同意，要用相同的手段朝犹太复国主义目标奋进。尽管我仍然需要去确认我自己在多年的研究和生活的经验中所形成的这种信念，但是，我肯定可以在这么多民族和国家纷繁复杂的意见中找到一个大家一致同意的解决方案，虽然这些民族和国家互不知晓对方的立场，虽然他们之间的观点也往往南辕北辙。我已经看到，这个社区（the Society）正在焕发生机，圣地（Holy Land）的定居点也在犹太工人的辛勤工作和西方文明国家的保护下开始逐步地建立。它在法律的秩序与劳动的努力下一旦繁荣起来，那么，犹太大学也会在卓越的犹太学者的领导下矗立起来，而大学一旦建立起来，犹太人的教育就再也不会与古代的犹太教相互冲突了。

　　我们民族的圣墓（the holy sepulchre）的忠诚护卫者从来没有接受任何可能有损古代犹太宗教的帮助，尽管他们都很贫穷；我们的西方人道主义者不断地抱怨说，"和这些人一起，你会一事无成"（you cannot do anything with these people）。确实,人道主义者杂乱的章法和荒谬的计划将会一事无成;他们只会让人误入歧途。但是,你至少不要去责备那些宁愿不幸地死在圣地,也不愿意放弃犹太教信仰的那些人。如果你认为,无论在东方还是在西方,这项事业几乎没有取得任何的成就,那么,就请你去责备无视犹太人需要和时代需要的那些人吧。

在犹太民族主义的星星之火之下,正统派犹太人的坚硬外壳将会被融化,现在,犹太爱国主义的星星之火已经在慢慢地燃烧,最终,它会变成一种神圣的火焰,而这种神圣的火焰将预示着我们犹太民族的复兴时刻的来临。与正统派(orthodoxy)相反——正统派不可能被外力所摧毁而不危及犹太民族主义——包裹在我们"现代"犹太人心中的那层坚硬外壳只会被强大的外力所摧毁,并且,这种结果很可能在不久的将来就会出现。在革命风暴的长期敲打中,欧洲社会的旧世界体系已变得摇摇欲坠。它不可能再撑过下一次革命风暴的来临。那些站在革命与反动之间的斡旋者(mediators),他们有一个既定的目的,那就是推动现代社会走上进步之路,然而,当社会变得足够的强大和进步之后,他们却又会被社会所吞噬。那些向造物主宣扬智慧、审慎和节约的进步助产士,那些所谓的文化的承载者,那些所谓的社会的救助者,那些所谓的银行的管理者和那些在政治上、宗教上、慈善上与工业上的投机者,他们终将在最后一次风暴中覆没。

另一方面,在最后一场大灾难(对于这场灾难的来临,时代已经给了我们非常明显的征兆)后,犹太民族也将会与其他民族一起获得他们的完整权利。

你当追想上古之日,

思念历代之年。

问你的父亲,他必指示你;

问你的长者,他必告诉你。

至高者将地业赐给列邦,将世人分开,

就照以色列人的数目,立定万民的疆界。

《申命记》(Deuteronomy) 32：7‐8

正如在生物生活(organic life)的最后一场大灾难之后,人类出现在了世界的舞台,他们形成了不同的部落,因而也就命中注定了他们自己各自的位置与角色;因此,在社会生活(social life)的最后一次大灾祸之后,那时众民族的精神也将达到成熟,我们犹太民族就会与其他民族一道在世界历史中找到自己的合法位置。

摩西·赫斯：社会主义与民族主义对
资产阶级社会的批判①

[以色列]什洛莫·阿维内利(Shlomo Avineri)　著

杨之涵　译

　　在摩西·赫斯(1812—1875)身上,两股强大的思想与政治力量——社会主义和刚刚开启的犹太民族主义思想——融合成了一个独特的集合。当他在德国和国际社会主义运动中活跃了几十年后去世时,他在科隆附近的墓碑上刻有"德国社会民主主义之父"(Father of German Social Democracy)的碑文。七十五年后,当以色列国(State of Israel)建立时,以色列政府——当时在劳动党(Labor Party)的领导之下——将他的遗骸从德国迁走并改葬在位于提比里亚湖(Lake Tiberias)附近的第一个基布兹的公墓中。他现在仍与犹太复国主义的其他创始人——希尔金(Syrkin)、波洛乔夫(Borochov)和卡兹尼尔森(Katznelson)——一起躺在那里。

　　赫斯在这两场政治运动中所占据的焦点因而也包括了其他方面。他的大部分手稿保存在阿姆斯特丹的社会历史国际研究所

　　① [中译按]本文译自于以色列著名学者什洛莫·阿维内利(Shlomo Avineri):《近代犹太复国主义的诞生》(*The Making of Modern Zionism*),第三章,"摩西·赫斯:社会主义与民族主义对资产阶级社会的批判"(Moses Hess,Socialism and Nationalism as a Critique of Bourgeois Society),第36-46页。

(International Institute of Social History)，但是，他的其他手稿则分散在耶路撒冷的犹太复国主义中央档案馆(Zionist Central Archives)和莫斯科的苏共中央马列主义研究所(Institute for Marxism-Leninism of the Central Committee of the Communist Party of the Soviet Union)。民主德国科学院(Academy of Sciences of the German Democratic Republic)和耶路撒冷的犹太复国主义丛书(Zionist Library)——由马丁·布伯(Martin Buber)担任编辑——都出版了他的新版著作集。

　　这种非同寻常的结合需要参考他的传记。① 赫斯出生在莱茵兰的一个正统派犹太家庭；他虔诚的父亲希望他接受宗教传统的教育，并培养他接管家族企业。然而，赫斯卷入到了 1848 年以前的德国激进主义的智识骚动之中。作为一名年轻人，他参加了一个黑格尔左派(Left Hegelians)组织，正如恩格斯在 1843 年提到，这个组织主张"以共有财产为基础的社会革命，是唯一符合他们抽象原则的人类状态"。按照恩格斯的说法，这个组织——它的成员也包括路德维希·费尔巴哈(Ludwig Feuerbach)、布鲁诺·鲍威尔(Bruno Bauer)、阿诺德·卢格(Arnold Ruge)和卡尔·马克思(Karl Marx)——决定证明，"德意志民族在哲学上所做的一切努力，从康德到黑格尔所做的一切

---

　　① 对于赫斯最全面的传记研究，参见埃德蒙·西伯纳尔(Edmund Siberner)：《摩西·赫斯：他的生命史》(*Moses Hess：Geschichte seines Lebens*)(莱顿，1966)；同时参见西奥多·泽洛西斯提(Theodor Zlocisti)：《摩西·赫斯：社会主义与犹太复国主义的先驱》(*Moses Hess：Vorkämpfer des Sozialismus und Zionismus*)(柏林，1921)。关于赫斯的英语方面的研究文献，参见以赛亚·伯林的(Isaiah Berlin's)"摩西·赫斯的生平与观点"(The Life and Opinions of Moses Hess)，载于以赛亚·伯林的《反潮流》(*Against the Current*)(重印，纽约，1980)，pp. 213 - 251；同时参见戴维·麦克莱伦(David McLellan)：《青年黑格尔派与卡尔·马克思》(*The Young Hegelians and Karl Marx*)，(伦敦，1969)，pp. 137 - 159。

努力,要么毫无裨益——其实比毫无裨益更坏,要么一切努力的结果
应该是共产主义"。[1]

　　赫斯对这种激进智识氛围的独特贡献是他对未来向度的坚持,
而后者则是由波兰思想家奥古斯特·冯·西兹科夫斯基(August
von Cieszkowski)从黑格尔学派那里发展出来的。赫斯深受他的影
响,在他的著作中,他发展了世界历史的未来向度,其特征是激进主
义的实践导向社会革命。[2] 他呼吁在反对资产阶级社会的基础上进
行一场激进的社会革命,这与黑格尔思想的普遍主义假设背道而驰。

　　这些著作后来受到马克思的高度称赞,马克思一直承认自己受
惠于赫斯,他有时称赫斯是"我的共产主义拉比"(my communist
rabbi)。两人后来都是激进的《莱茵报》(Rheinische Zeitung)的编辑,
他们的许多早期文章都发表在《莱茵报》上。与马克思一样,由于自
己的激进政治,赫斯不得不离开德国,流亡巴黎和布鲁塞尔期间——
在那里他们有一位具有相似背景的共同朋友海因里希·海涅
(Heinrich Heine),他在他们的圈子中变得非常突出——他们两人继
续一起工作。赫斯帮助马克思和恩格斯撰写了他们一些早期的理论
著作,赫斯是共产主义者同盟(League of Communists)的一名成员,
虽然批判了马克思的哲学唯物主义,但仍然与马克思非常接近,尽管
后者在《共产党宣言》(Communist Manifesto)中不时地对赫斯和他的
真正的社会主义(his True Socialism)进行了尖锐的挖苦。他们的伙
伴关系一直延续到 60 年代,当时赫斯扮演了马克思与新生的德国工

---

① Friedrich Engels, "Progress of Social Reform on the Continent," in Karl Marx
and Friedrich Engels, *Collected Works* (New York, 1976), vol. 3, p. 406.

② See especially his *Philosophie der Tat*, translated as "The Philosophy of the
Act," in Albert Fried and Ronald Saunders, eds., *Socialist Thought* (Garden City,
1964), pp. 249 - 275.

人阶级运动的联络人，而且，他试图在马克思与拉萨尔(Lassalle)之间进行调停，虽然不是很奏效。

因而，几十年来，赫斯的主要活动都是在社会主义的革命运动中进行的。他必须与马克思、恩格斯和拉萨尔一起被视为德国社会民主主义(German Social Democracy)的创始人之一——正如他的墓碑上所正确镌刻的那样。

然而，与社会主义运动中的这项工作相并行的是，赫斯的智识活动还有另一个方面，而且，在其 1862 年问世的《罗马与耶路撒冷》一书中，这种智识活动达到了一个戏剧性的高潮。在那里，他呼吁通过在巴勒斯坦建立一个犹太社会主义共和国来解决犹太人问题。

作为普世主义社会主义者(the universalist socialist)的赫斯和作为犹太复国主义开创者的犹太民族主义者(the proto-Zionist Jewish nationalist)的赫斯之间，这种二元性引起了众多的误解。一些作家坚持认为，直到《罗马与耶路撒冷》问世之前，赫斯一直都否认自己的犹太背景，并且，他是如此积极地投身于国际社会主义运动，以至于他对犹太人问题一直都没有产生兴趣，直到 19 世纪 60 年代德国沙文主义的冲击促使他创作了戏剧《哭泣的心灵》(*cri du coeur*)。其他人则认为，《罗马与耶路撒冷》的问世是他拒绝社会主义和从社会主义向民族主义过渡的证明。

这两种主张都是错误的。尽管赫斯年轻时拒绝了自己家乡的正统宗教与传统信仰，认为自己是一名普遍主义的黑格尔左派(a universalist Left Hegelian)和共产主义者，但是，犹太人问题仍出现在他的所有早期作品之中。他在生命那个时期提出的解决犹太人问题的办法就是整合、融入世界社会主义革命运动。显然，这完全不同于他后来在《罗马与耶路撒冷》中所主张的解决方案。然而，赫斯对犹太人问题各个方面的深刻认识伴随了他的整个一生。同样地，当赫斯对犹太人问题作出一个民族的解决方案时，他并没有牺牲自己的社会主义承诺来换取对它的倡导。相反，他深信，在巴勒斯坦的犹太民族解决方案，而非他早先提出的同化建议，是对犹太人生存困境的一个正确无误而又"革命性的"（revolutionary）与"社会主义的"（socialist）解决办法。这就是为什么他在犹太民族祖先的土地上设想的犹太共和国要建立在社会主义的基础上的原因。

在《罗马与耶路撒冷》出版后，赫斯继续活跃于社会主义运动，尽管他的大部分时间都一心扑在了探索犹太人民族问题的解决上。对资产阶级社会的相同批判，让赫斯变成了社会主义者，也让赫斯深信，只有在巴勒斯坦建立一个民族家园才能为犹太人的困境提供一个恰当的解决办法，这既是一个民族问题，也是一个社会主义问题。因此，在赫斯的思想中，社会主义和犹太复国主义共同构成了对现代社会的全面批判。关于犹太人问题的这些思想的发展进程在赫斯的各种著作中都是有迹可循的。

1837 年，他以"一位年轻的斯宾诺莎主义者"（a Young Spionozist）为笔名匿名出版了自己的第一部著作——《人类的神圣历史》（*The Holy History of Mankind*）。① 从理论上讲，这部著作将青年黑格尔派的（a Young Hegelian）历史哲学与部分源自圣西门学派（the Saint-Simonians）的社会世界观（a social Weltanschauung）结合在了一起。这本书的论点是，人类历史的特点是主客体统一与分离的时期交替出现。在圣西门学派的术语中，历史主客体统一的有机

---

① Moses Hess, *Die heilige Geschichte der Menschheit von einem Jünger Spinozas* (Stuttgart, 1837). The reference to Spinoza is of great symbolic significance (see p. 40).

期（organic periods）和主客体之间存在破裂与异化的无机期（inorganic periods）之间的间歇性轮换交替。在对人类历史上这些周期的顺序进行了一些明显过于简单化的考察之后，赫斯来到了现代工业时代的起点，他认为，这是主客体之间异化的新时期。但是，一个全新而又和谐的未来将会诞生于工业时代的四分五裂（Zerrissenheit）之中，在那里，个人与社会之间的冲突会将得到解决。这将出现一种以废除私有财产为基础的全新的社会人本主义。

尽管《人类的神圣历史》的主题具有普遍性，但它显示了赫斯努力解决犹太人问题的开端。在这种历史哲学中，赫斯必须考虑犹太教对历史的贡献，而这基本上都是用黑格尔术语来进行的。犹太人的主要贡献是给世界贡献了一神论，并把属灵维度引入到了宗教意识。耶稣的出现体现了犹太教对世界"属灵化"（spiritualization）进程的高潮，但自从耶稣出现以来——尤其是自从祂遭到犹太人拒绝以来——犹太教对历史的贡献就结束了。[1] 正如赫斯在这本书中所表达的，历史上有两个民族，这两个民族过去对历史的贡献相当巨大，但他们没有未来：一是犹太人，他们现在是一个没有躯壳的灵魂；二是中国人，他们是一个没有灵魂的躯壳。

按照赫斯的说法，犹太人在现代只有作为个体而不是作为集体才有未来，作为个体，他们应该融入全面的普遍主义（the general universalism）。这就是为什么赫斯认为斯宾诺莎是现代犹太人的最佳榜样，他是打破犹太人排外性的壁垒，离开自己的族群，以及被逐出教会，从而成为世界公民的第一位犹太人。这也是现代犹太人（也

---

① Moses Hess, *Philosophiche und sozialistische Schriften*, ed. A. Cornu and W. Mönke(East Berlin, 1961), pp. 71 - 72.

是赫斯自己)要走的道路。因此,他的最后一章"新耶路撒冷"(The New Jerusalem)的意义就在于它论述了即将出现的新社会。赫斯强调,"在这里,在欧洲的中心,新耶路撒冷将会建造起来。"①在这里,在欧洲的中心,而不是在巴勒斯坦。

在同一时期(1840 年)的一份类似的手稿《波兰人与犹太人》(*Poles and Jews*)中,赫斯也涉及了两个拥有辉煌历史但现在却问题重重的民族。然而,按照赫斯的说法,波兰人拥有未来,因为他们从未听任波兰的分裂和波兰政体的消亡,但犹太人却没有获得民族表达所必需的社会权力。犹太人完全缺乏民族意识(*Mangel an Nationalsinn*)。例如,赫斯指出了犹太人在那一年(1840 年)对大马士革血祭诽谤(The Damascus Blood Libel)的反应,这是中世纪对犹太人的血祭诽谤在近代的首次复活。尽管西方犹太人进行了种种抗议,但大马士革事件(The Damascus Affair)引发的动荡并未促使犹太人产生普遍的民族意识。

这里重要的是,甚至在这种早期的普遍主义社会主义阶段(this early universalistic socialist phase),赫斯就不仅涉及了犹太主题,而且,在这些著作中,他对犹太教的态度不仅仅是对宗教的态度。他衡量犹太教的未来的标准不是犹太教作为一种宗教(a religion)是否有未来,而是犹太教作为一个民族(a nation)是否有未来。答案无疑是否定的,但重要的是,即使在这个绝对否定的时期,赫斯在评价犹太教时使用的也是民族的标准,而不是宗教的标准。在《罗马与耶路撒

---

① Ibid.，p. 65. In 1840 Hess wrote an introduction to a work he never completed，called "Die ideale Grunglagen des Neuen Jerusalems"［The Ideal Foundations of the New Jerusalem］. A copy is in the Zionist Central Archives in Jerusalem.

冷》中，他对犹太教作为一个民族的未来的看法是积极的，而这正是它的新奇之处。然而，他对犹太教的民族方面的看法源于早期，而当时赫斯对犹太人的复兴能力持否定态度。确实，有趣的是，赫斯是近代最早从民族角度看待犹太教的作家之一，尽管他否认犹太教的未来。

　　与此同时，正是在这个时期，赫斯写下了有史以来犹太人对犹太教最严厉的表述之一。马克思的论文《论犹太人问题》（*On the Jewish Question*）与它存在关联，这篇论文是马克思于 1843 年撰写，并于 1844 年发表的。[1] 1845 年，赫斯的论文《论资本》（*On Capital*）[2]发表，这篇论文包含了对犹太人非常严厉的指责，并将犹太教与资本主义等同起来。[3] 直到最近才有人证明，赫斯的这篇论文要早于马克思。1843 年，赫斯撰写了自己的这篇论文，并将它发送到马克思那里进行发表。然而，它直到一年半后才发表出来。因此，马克思在撰写《论犹太人问题》时就知道了赫斯的这篇论文，马克思的这部作品中出现的大部分形象都是从赫斯那里借用而来的。更为重要的是，赫斯的论文《论资本》所包含的材料比马克思所使用的任何材料都要极端得多，难能可贵的是，马克思没有将这些材料包括在内。比如，赫斯写道，以色列人最初是偶像崇拜者，他们的主神摩洛（Moloch）要求他们进行血祭。赫斯从自己孩提时代的犹太儿童宗教学校（*heder*）那里就习得了希伯来语，并在自己的论文中使用了这种

---

① See Karl Marx, *Early Writings*, trans. T. B. Bottomore（London，1963），pp. 1 – 40.

② ［中译按］赫斯这篇论文的原德文名称是 Über das Geldwesen，亦英译作 On Money、On the Essence of Money 或者 On the Monetary System，因此，它亦中译作"论货币（金钱）"、"论货币（金钱）的本质"或者"论货币（金钱）的体系"。

③ Moses Hess，"Über das Geldwesen," in *Philosophische*，pp. 329 – 348.

语言知识。他认为,随着时间的推移,犹太人从血祭(*dam*)变成了钱祭(*damim*),这就是犹太人金钱崇拜的起源,因为,金钱取代了摩洛。在这整篇论文中,赫斯都称以色列的神为"摩洛-耶和华"(Moloch-Jehova),即使是在最恶毒的反犹主义文学作品中,也很难找到与这种集体性的血祭诽谤相似的作品。赫斯的这些表达没有马克思的《论犹太人问题》那样广为人知,但是,它们更为激烈,而且,具有讽刺意味的是,它们为正在撰写自己论文的马克思提供了信息来源。

不过,与马克思相反的是——马克思没有对自己的犹太人身份问题而进行挣扎,至少没有进行明确的挣扎(毕竟他出生在一个皈依了基督教的家庭)——对赫斯而言,赫斯的普遍主义(Hess's universalism)不仅是一种理论设想,而且无疑也代表了对自己个人存在的问题和自己身份的问题的一种解决方式。由于他从一开始就努力寻找解决这个问题的办法,人们可以理解,解放运动的失败对他的世界观产生了深远的影响。

1862年,《罗马与耶路撒冷》一书以"最后的民族问题"(The Last National Problem)为副标题出版了。在这本书出版时,它就几乎没有产生什么影响,而且,它很快就被人遗忘了。赫斯的社会主义朋友们认为,这部著作是一种个人的特质,他们并不予以认真对待;改革派的拉比们猛烈地批评它,正统派的拉比们则不得不以一种巨大的怀疑态度对待它。

书名中的罗马既不是帝国的罗马,也不是教皇的罗马,而是朱塞佩·马志尼(Giuseppe Mazzini)和意大利民族主义的第三罗马(*Roma terza*)。正如赫斯在其导言中写道:

随着台伯河(Tiber)上的这座永恒之城(The Eternal City)

的解放，莫里亚山（Mount Moriah）上的这座永恒之城也会开始解放；意大利的文艺复兴预示了犹地亚（Judea）的崛起。耶路撒冷的孤儿们也将从中世纪可怕梦魇的昏睡中觉醒并参与到这个伟大的民族复兴运动当中来……①

这本书开篇的自传性细节揭示了，一个人在经历了一种无差别的普遍主义（an undifferentiated universalism）的炼狱后发现自己的人民所遭受的巨大痛苦：

与我的人民疏远了二十年之后，我再一次地站在了我的人民中间，积极地参与到他们的节日庆典和斋戒活动，努力地分享民族的记忆和希望，热情地投入到以色列之家（House of Israel），深情地加入到他们同周围其他文明国家的精神斗争与智识斗争中去。尽管犹太民族已经与这些民族一起生活了两千多年，但是，它从未与他们有机地融为一体。

一个我原以为永远埋葬在自己心中的思想现在再一次生动地浮现在我的面前：这个思想就是关于我自己的民族身份的思想，它与我的祖先的遗产和这片圣地（the Holy Land）——这座永恒之城（the Eternal City）是相信生活神圣统一性的发源地，同时也是相信未来所有人全都情同手足的发源地——的记忆是密不可分的。②

---

① Moses Hess, *Rom und Jerusalem——Die letzte Nationalitätenfrage*, rev. ed (Tel Aviv, 1935), p. 5.

② Ibid., p. 10.

这部著作的主旨是，它把犹太教看作是一个民族（a nation），而且，它把犹太人问题看作是一个民族问题（a national problem），而不仅仅是一个平等权利和宗教少数派的解放的问题。赫斯的独特性和新颖性不仅在于，这部著作提出了将犹太人民引向以色列土地的犹太复国主义解决方案，而且在于赫斯是以十九世纪民族解放运动的观念体系来看待犹太人问题的。

很明显，一旦赫斯从民族的角度看待犹太教，他最终就无法把解放（Emancipation）当作一个解决方案。只有当犹太教局限在一个宗教派别的范围之内时，解放才会是它的解决之道。此外，按照赫斯的看法，解放只会在现代犹太人及其周围的民族国家的社会之间制造新的紧张关系，这个社会不会也无法把它看作是民族文化的一个不可或缺的组成部分。解放以法国大革命的普遍主义学说（the universalist doctrines）为基础，但是，它在一个民族运动的兴起为基本信条的世界里起作用；因此，它充满了不可克服的内在矛盾。

赫斯也因此更加意识到反犹民族主义种族主义的抬头，尤其是在德国。正是因为赫斯的出发点是世俗世界，所以，他是最早认识到在解放和世俗化时期发生了从旧的基督教反犹到新的民族主义种族性反犹——现代反犹主义——的转变的人之一。尽管这些态度只是刚刚萌芽，但在 1862 年，赫斯却非常敏锐地看到了德国这种新的反犹太主义的危险性，他在这个问题上的言论具有令人胆寒的预见性。

从民族角度看待犹太人问题，赫斯由此对德国犹太人的改革运动提出了批评。他的主要论点非常简单：改革运动忽视了犹太人是一个民族的事实，而且，它只从宗教的角度看待犹太教。它希望把犹太教变成一种带有犹太色彩的新教，从而扭曲了犹太教的历史本质。赫斯并不是基于宗教自由化层面的理由来反对改革。相反，它指的是改革运动对基督教经验的强调造成了犹太民族历史意识的瓦解。《罗马与耶路撒冷》一书的很大一部分都在致力于论证，在一个民族运动不断高涨的环境中，宗教解放作为一种解决方案固有的徒劳无益性。①

赫斯自己的解决方案是在巴勒斯坦建立一个犹太人的社会主义共和国。应该加以强调的是，这是一个社会主义的共和国，因为，关于赫斯的一些文献，尤其是共产主义著作，在他后来的民族时期与犹太时期的公共活动中，常常将他呈现成一位与社会主义历史自我切断联系，从一名社会主义者转变成一名犹太民族主义者之人。这是错误的。赫斯的社会主义设想仍然是完整的，除了在《罗马与耶路撒冷》中，他把自己对马志尼民族主义（Mazzinian nationalism）革命的支持与自己的社会主义想象结合了起来。

在赫斯看来，如果没有一个植根于犹太民族社会框架内的犹太无产阶级，那么，就不会有犹太人问题的解决办法。赫斯意识到，那些要移民到巴勒斯坦的犹太人不会是来自西方犹太人的中产阶级；中欧和西欧的犹太资产阶级不会是以色列土地上的犹太社会主义社会的社会基础。② 相反，这个犹太共和国将会为东欧和穆斯林世界的犹太民众的困境提供一个解决办法。③ 赫斯意识到，这两个庞大的社

---

① Ibid，pp. 57 - 70。对自己的名字摩西（Moses）的使用，就很好地体现了赫斯自我意识的变化。在《罗马与耶路撒冷》出版前的几年里，赫斯试图将这个明显带有犹太意味的名字推到幕后。因此，他就以 M. 赫斯——莫里茨·赫斯（Moritz Hess）——的名字发表文章，在移居到巴黎后，他也仍然以莫里斯·赫斯（Maurice Hess）的名字发表文章。随着《罗马与耶路撒冷》的出版，他怡然自乐地重新启用了原来的名字摩西，并在书中提到再一次使用自己真名的自豪之情，而且，他补充说，假如自己的名字是埃茨基（Itzig），那么，他会更加感到高兴（Ibid. ，p. 56）。

② Ibid，pp. 127 - 131.

③ Ibid，pp. 135 - 136.

区,东欧和中东的犹太人,将构成犹太国家的基础,这对我们理解赫斯所设想的在以色列土地上将出现的犹太民族社会至关重要。

　　犹太社会主义共和国的基础将建立在土地和生产资料的公有制基础上,这些土地和生产资料将以合作和集体方式组织起来。赫斯的著作中一个有趣的元素是,他试图,有时被迫,理解犹太人民准社会主义(quasi-socialist)概念的历史,这一做法后来成为犹太复国主义劳工运动的常见做法,尽管赫斯是第一个这样做的人。因此,赫斯认为,在传统的犹太社会风气(social ethos)中有一种原始社会主义(protosocialist)的元素。按照赫斯的看法,基督教是个人主义的,这就是为什么是基督教社会产生了资本主义(赫斯的观点离《论资本》何其之远!)[how far Hess come from "On Capital"]①;另一方面,犹太教以家庭为基础,也就是说,以一个已经具有社会团结要素的单位为基础。此外,在外邦社会中,包括异教社会和基督教社会,核心人物是男性,而在犹太教中核心人物则是女性和母亲。因而,如果说外邦社会称颂的好斗性的特征,聚焦在男人或者父亲的身上,那么,犹太社会特别称颂的特征则是爱、受难、乐于助人和理解他人,这些特征都与犹太母亲相关。赫斯用一种非常有趣的混合性隐喻说道,每一个"犹太母亲都是圣母玛利亚(mater dolorosa)"。②

　　赫斯用社会主义的术语解释了所有与安息日有关的圣经律

---

　　①　[中译按]这个地方的 On Captial,指的是卡尔·马克思的《资本论》,其涵义是,赫斯《论资本》的观点与马克思《资本论》的观点相差何其之大。摩西·赫斯和卡尔·马克思都撰写了题目名叫"On Capital"的著作,国内的马克思主义学者一般将赫斯的 On Captial 中译作《论金钱》或者《论金钱的本质》,而将卡尔·马克思的 On Captial 中译作《资本论》。不过,如果我们要清晰地揭示赫斯的《论资本》与马克思的《资本论》之间的相关性的话,那么,我们也许将赫斯的 On Captial 中译作《论资本》似乎更为合适和可取,参见第 101 页注释 2。
　　②　Ibid,p. 13.

法——休耕年、禧年（the Jubilee），等等——甚至将摩西法典（the
Mosaic code）称为"社会民主主义"（social democratic）。"他说，我的
就是我的，你的就是你的，这是一个庸常的特征；有人说，这是一个像
所多玛（Sodom）那样的常见特征，"《先祖的箴言》（*The Sayings of
the Fathers*）所说的这节诗行远远超越了其字面涵义。赫斯认为，这
证明了犹太人的道德观总是对基于私有财产的个人主义持有怀疑。[①]

《罗马与耶路撒冷》中关于哈西德派（Hasidism）的评论提供了一
个有趣的注脚。赫斯对哈西德派的态度是他整个精神状态的特征，
因为，他认为，它是一种有机的经验（an organic experience），与德国
改革运动的机会性个人主义完全不同。赫斯认为，尽管哈西德派形
成了一整套他称之为迷信的体系，这是哈西德派社区的内部凝聚力
所在，但它不是过着一种个人主义的生活，而是一种集体生活，这进
一步证明了犹太社会的社会风气，而且，它很可能是社会主义前提下
未来整合的基础。因此，赫斯能够将对犹太宗教传统的一些习俗的
世俗批评与实现其对犹太民族普遍存在的社会环境的贡献结合
起来。[②]

从整体上看，赫斯的民族主义观遵循了马志尼的民族主义观，这
种民族主义观将民族的独特性与一种普遍的愿景（a universal vision）
结合起来。马志尼说道，作为一个民族的一员，他也是人类的一员，
而属于人类的唯一方式就是属于一个特定的民族。民族主义和普遍
主义不是相互排斥的，而是相辅相成的。

赫斯计划在巴勒斯坦建立犹太共和国的另一个方面与他对该地

---

① Ibid，p. 221.
② Ibid，p. 219ff.

区阿拉伯人口未来需求的认识有关。鉴于赫斯的激进哲学,他意识到,当时被称为"黎凡特"(Levant)的这整个地区很快就会陷入民族运动的阵痛之中,这些民族运动将会瓦解土耳其帝国在亚洲和非洲的统治,就像它们已经削弱了土耳其在巴尔干地区的霸权一样。赫斯从拿破仑三世领导下的法国对意大利民族主义的支持中得到鼓舞,这种支持的动机既有法国革命传统的解放精神,也有出于对法国作为一个大国的国家利益的机会主义考虑。他希望,出于对精神和物质上的类似考虑,将使法国不仅支持中东地区的犹太人独立,而且帮助阿拉伯国家在埃及和叙利亚的重建。① 因此,在活跃的阿拉伯民族运动出现前数十年,赫斯的普遍主义民族主义使他成为第一个呼吁犹太人独立和阿拉伯民族自决的人之一。具有相当大的历史讽刺意味的是,第一批呼吁建立一个犹太国家的现代思想家对阿拉伯人的解放及其主权的重建也有着相似的幻想。

与他那一代的许多人一样,赫斯在工业革命的冲击下成为了一名社会主义者,工业革命威胁着社会变成一场名副其实的霍布斯式的(Hobbesian)"所有人对所有人的战争"(war of all against all)。根据赫斯和所有受黑格尔影响的那些人的看法,资产阶级世界观的根基是原子论的个人主义,这种个人主义与人作为一种类存在(*Gattungswesen*)的基本社会属性相矛盾,因为,人需要与自己有本质上关联而不仅仅是偶然性关联的其他人,而且,人只能通过与其他政治动物(*zoa politika*)的这些关联而存在。

当赫斯把这些考虑运用到犹太人问题上时,让他印象深刻的是,解放是以同样个人主义的方式处理这个问题的。它是从个人的角度

---

① Ibid, pp. 112 – 113,237 – 240.

而不是犹太人的类存在(*Gattungswesen*)的角度来看待这个问题的，这就是为什么它可以假设这种想法，那就是，犹太人作为个体有权享有所有的权利，但作为一个实体(entity)，他们无权享有任何权利。这样的看法必然造成内在的矛盾。非犹太人认为，解放是犹太人融入社会并最终在社会中消亡的一种手段，而许多犹太人则认为——赫斯指出，这是错误的——他们可以两者兼得：一方面享受个人主义资产阶级社会的一切利益和巨大的精神与物质财富，同时又以一种改良的形式保持自己的集体存在。赫斯是第一个认识到这种后果的犹太作家之一，这种后果就是，这种处境是多么充满危险与内在矛盾，这会多么让犹太人陷入前所未有与闻所未闻的复杂境况当中，尤其是在犹太人从欧洲社会的边缘到欧洲社会的中心的一个社会迁移的时代。由于它固有的内在矛盾，这种一体化方案(this integrationist program)的改良型的社会主义版本(a modified socialist version)也同样遭到了赫斯的拒绝。毕竟，解放是一种个人主义的方案，而社会主义则与人类的集体性相关，而且，如果犹太人的集体性注定要消亡于一片大好的普遍主义(a rosy universalism)，那么，犹太人又属于何种集体性呢？毕竟，即使马志尼影响下的赫斯所设想的社会主义未来，国家也必将作为社会文化实体而继续存在。在何种自由原则或者社会主义的名义下，可以要求犹太人放弃自己的集体身份，而世界上其他所有类似的实体都能维持自身的民族存在呢？

　　因此，赫斯所倡导的解决方案——在巴勒斯坦建立一个犹太共和国——是其总体性世界观(his general *Weltanschauung*)的一个组成部分。与他的社会主义毫无冲突，他认为，社会主义解放原则的实现适用于犹太人生存的特定环境。

摩西·赫斯论犹太复国主义

杨之涵

  1789 年的法国大革命打破了中世纪传统的多元性网状式政治结构与社会生活，从此开启了民族主义的洪流。传统中世纪的政治结构和社会生活具有多中心、多层次和多元性的特征，而民族国家则与此完全相反，它是一种独中心、单层次和一元性的特征。在前一种政治结构和社会生活中，尽管犹太人也遭受了种种民族歧视，甚至遭遇种族屠杀等等各种反犹主义暴行，但是，犹太人仍然可以在大体上较为安稳地生活其间，因为，这种政治结构和社会生活本身具有包容性。

  然而，"非此即彼"的单一性民族国家却没有这种包容性，恰恰相反，它强烈地要求建立一种较为纯粹的民族主义国家。在这种情形下，犹太人的身份问题就显得特别显眼和突兀。如果说传统的中世纪国家可以包容特殊的犹太人身份的话，那么，在民族主义国家之内，犹太人就必须选择站队。他们要么是德国人、法国人，要么是其他什么国家的人，但无论如何不能是犹太人，否则，犹太人自身所主张或者所带有的那种异己身份本身就是对民族国家的一种破坏和解构，毫无疑问，这会摧毁各国的民族国家本身。因此，在这种情形下，犹太人就别无选择了。他们要么建立自己的犹太民族国家，要么彻底融入他们所生活的寄居国，除此之外，别无他途。

　　另一方面,17—18 世纪的启蒙运动狂飙突进,理性和解放笼罩了整个欧洲,启蒙的观念成为了这个时代的主题。在启蒙运动和法国大革命的影响下,一些犹太人希望借助通过自身的启蒙、改革和同化,让自己彻底地融入到自己所生活的寄居国,从而达到彻底解决一直困扰自己的犹太人问题。因此,这个时期的犹太人不仅要面对欧洲各国传统上旧有的反犹主义偏见,而且,他们还需要面对欧洲愈演愈烈的民族主义诉求和启蒙运动所一直倡导的犹太启蒙改革同化主张。在这三重压力的夹击之下,犹太人问题日益突兀和严重。

　　正是在上述种种纷繁复杂的巨大历史背景之下,面对这种不同于传统中世纪的政治格局和思想观念,摩西·赫斯对犹太启蒙派、改革派和同化派的主张展开了全面的批判,他一针见血地指出,这种主张无异于饮鸩止渴,完全无助于犹太人问题的解决。作为犹太人问题的解决之道,赫斯首次提出了犹太复国主义的主张。[①]

　　赫斯在犹太复国主义和共产主义史上都享有非常重要的地位,但国内学者对赫斯的研究严重偏向于赫斯的社会主义思想研究,对赫斯的犹太复国主义思想研究严重匮乏;笔者目力所及只看到了仅仅两篇研究赫斯犹太复国主义思想的论文——王雪的《摩西·赫斯论犹太人问题》及其博士论文《摩西·赫斯思想研究》——这两篇论文从当时的历史背景出发探讨了赫斯的犹太复国主义思想。[②] 国外

---

　　① 由于犹太人没有自己的领土,因此,相较于其他民族国家,犹太人在构建的犹太民族主义国家时具有巨大的差异性。因为,犹太人在构建自己的民族国家时首先需要解决领土问题。

　　② 王雪:《摩西·赫斯论犹太人问题》,《世界宗教研究》2014 年第 6 期;同时参见王雪:《摩西·赫斯论犹太人问题》,载宋立宏主编:《犹太流散中的表征与认同》,社会科学文献出版社 2018 年版,第 352 - 363 页。王雪:《摩西·赫斯思想研究》,南京大学博士学位论文,2013。

学者对赫斯犹太复国主义思想的研究则一般从赫斯的整体思想出发进行论述,而没有对赫斯《罗马与耶路撒冷》一书的文本进行专门研究。① 笔者则通过对《罗马与耶路撒冷》一书的中译,在立足于其文本的基础上,全面分析了赫斯这部著作中的犹太复国主义思想。

一、 赫斯对犹太启蒙派的批判

17—18 世纪的启蒙运动是人类历史上一个非常重要的思想文化运动,它质疑、批判和鞭笞传统、宗教与信仰,强调理性、平等和博爱,讴歌个体的独立、世俗的自由和尘世的生活,希冀从中世纪的属灵生活中彻底解放出来。这个时期的欧洲是一个理性主宰的时代,包括宗教在内的一切意识形态都要接受理性的检验和依据理性法庭的审判来决定其是非曲直,乃至何去何从。启蒙运动的这种观念对犹太人形成了强烈的冲击。犹太人长期生活在隔都的高墙之内,他们备受其他民族的歧视和压迫,平等一直以来都是他们梦寐以求的

---

① 值得注意的是,国外学者虽然撰写了汗牛充栋的犹太复国主义著作,但其中大部分都只论述西奥多·赫茨尔之后的犹太复国主义思想与事件,对赫斯鲜有或者甚少提及。对赫斯的犹太复国主义思想进行研究的国外学者主要有:沃尔特·拉克、以赛亚·伯林、什洛莫·阿维内利(Shlomo Avineri)、肯恩·科尔顿·弗洛姆(Ken Koltun-Fromm)和玛丽·舒尔曼(Mary Schulman),等等。具体参见沃尔特·拉克:《犹太复国主义史》,"摩泽斯·赫斯",徐方、阎瑞松译,上海三联书店,1992 年,第 57 - 68 页;以赛亚·伯林:《反潮流:观念史论文集》,"赫斯的生平与观点",冯克利译,译林出版社,2011 年,第 254 - 298 页;Shlomo Avineri, *Moses Hess: Prophet of Communism and Zionism*, "Rome and Jerusalem", New York: New York University Press, 1985, pp. 171 - 241; Shlomo Avineri, *The Making of Modern Zionism*, "Moses Hess: Socialism and Nationalism as a Critique of Bourgeois Society", New York: Basic Books, 1981, pp. 36 - 46; Ken Koltun-Fromm, *Moses Hess and Modern Jewish Identity*, Bloomington: Indiana University Press, 2001; Mary Schulman, *Moses Hess: Prophet of Zionism*, New York: Thomas Yoseloff, 1963。

东西,启蒙运动和法国大革命让他们终于品尝到了自由与平等的滋味,可以想象,这对犹太人是具有何等的吸引力,大坝一旦决堤就再也不能原封不动地合拢上了。

正是在这种背景下,犹太世界形成了所谓的哈斯卡拉运动,哈斯卡拉是希伯来语 Haskalah 的音译,其涵义即为启蒙(Enlightment),哈斯卡拉运动也即是犹太启蒙运动。当时众多的犹太知识分子服膺和投身哈斯卡拉运动,大力宣扬自由、平等与理性的启蒙价值观。他们希望通过弘扬这种启蒙观念,从而可以改变自己长期以来备受歧视的身份和不利的社会生活处境,进而让自己可以平等地参与到欧洲的政治、经济和文化生活当中,最终实现自身身份与阶级地位的提升。

犹太启蒙运动是一场规模庞大的理性主义运动,对整个犹太人的思想观念和生活方式都产生了非常重要的影响,而门德尔松则是这场犹太启蒙运动的奠基人。[1] 正是门德尔松开启了犹太人的启蒙、同化与解放之路,有人甚至评价道,摩西·门德尔松和莱辛下棋时,德国犹太人的解放就开始了。[2] 门德尔松持一种理性主义的宗教观,他将理性置于人类思想和行为的主宰地位,主张用理性来衡量一切事物。在他看来,理性是通往宗教真理的唯一指南,而犹太教正是一种理性宗教,它在宗教信仰和评论推理之间没有矛盾。[3] 门德尔松认为:"犹太教没有任何超越理性并必须使其信徒无条件地作为信仰而接受的教条。在神学和宗教领域,犹太教允许思考、解释和判

---

[1] 摩西·门德尔松(1729—1786):德国犹太哲学家,被称为"德国的苏格拉底",他是 18 世纪德国启蒙运动的领导人,同时也是近代犹太史上的重要人物。
[2] 沃尔特·拉克:《犹太复国主义史》,徐方、阎瑞松译,上海三联书店 1996 年版,第 8 页。
[3] 张倩红、艾仁贵:《犹太文化》,人民出版社 2013 年版,第 156 页。

断的自由;因此,犹太教所要求的并非教义的统一,而是行为上的统
一。"①在门德尔松看来,传统犹太教所维系的某些观念与习俗,无
法用"理性、自然及事实"进行证明,属于"迷信主义"(Superstition)
或蒙昧主义,是与人性及明正的教理相悖逆的;而且,当时的《塔木
德》研究也已经沦为一种拘泥于细枝末节的辨析,不关注实际的应
用。②门德尔松把对上帝存在的信仰建立在理性证明及内心体验
上,相信人们可以凭借理性与经验而承担起对上帝的责任。他期待
着这一时代的到来,即"宗教教条被自然信仰所代替"。③ "所以,我不
相信人类理性不足以证实永恒理性,不足以证实这一人类幸福必不
可少的永恒真理,也不相信上帝必须用一种超自然的方式向人类揭
示这一永恒真理。"④"门德尔松实际上把理性视为通向宗教真理的唯
一指南。"⑤

我们从门德尔松对个人理性的强调就可以看出,门德尔松关注
的不是作为整体的犹太民族的未来,而是作为个体的犹太人的福
祉。⑥ 门德尔松的这种关注点或落脚点完全与赫斯背道而驰。因为,
赫斯关注的是作为整体的犹太人(亦即犹太民族)的命运,而不是作

---

① David Rudavsky, *Modern Jewish Religious Movements*:*A History of Emancipation and Adjustment*,New York:Behrman House,1967,p. 61. 转引自张倩红、艾仁贵:《犹太文化》,人民出版社 2013 年版,第 156 页。

② 参见张倩红、艾仁贵:《犹太文化》,人民出版社 2013 年版,第 157 页。

③ 参见 Steven Beller, *Vienna and the Jews* 1867 - 1938,Cambridge:Cambridge University Press, 1989, pp. 91 - 92. 转引自张倩红、艾仁贵:《犹太文化》,人民出版社 2013 年版,第 157 页。

④ 摩西·门德尔松:《耶路撒冷:论宗教权利与犹太教》,刘新利译,山东大学出版社 2007 年版,第 44 页。

⑤ 大卫·鲁达夫斯基:《近现代犹太宗教运动:解放与调整的历史》,傅有德等译,山东大学出版社 1996 年版,第 51 页。

⑥ Mordecai M. Kaplan, *A New Zionism*,New York:The Herzl Press and the Jewish Reconstructionist Press,1959,p. 57.

为个体的犹太人的命运。

　　作为"从隔都走向现代社会的第一人",门德尔松的这种犹太启蒙主张无疑是当时欧洲犹太启蒙运动的最佳代表。然而,与门德尔松不同,赫斯却坚决反对以门德尔松为代表的这种犹太启蒙观。对于这些进步的犹太启蒙观念,赫斯一直疑虑重重,他深深地怀疑这些启蒙观念是否真的可以起到拯救犹太人的作用。对于那些深受犹太启蒙影响的犹太人,赫斯也向来没有心存多少好感。对于这些犹太人,赫斯专门发明了一个全新的词汇来称呼他们——"新式的犹太人"(the new-fangled Jew)。[①] 这些"新式的犹太人"以自己背离犹太习俗的程度来衡量自己的启蒙与教育的程度,他们以启蒙价值观来审视一切,急切地抛弃自己身上的犹太身份;在犹太复国主义问题上,这些"新式的犹太人"当然也反对犹太国家的重建。然而,犹太教的主干其实就是犹太爱国精神,[②]"一位虔敬的犹太人首先是一位犹太爱国者"。[③] 但是,"新式的犹太人"——他们拒斥犹太民族主义——不仅是一位宗教信仰上的背教者,而且还是一位自己民族与家庭的叛徒。

─────────────

　　① 在《罗马与耶路撒冷》一书中,赫斯同时也使用了"有教养的犹太人"(the cultured Jews/the educated Jews)、"开明的犹太人"(the enlightened Jews)和"进步/先进的犹太人"(the progressive Jews)等等词汇来称呼这些"新式的犹太人"。参见 Moses Hess, *Rome and Jerusalem*, "Foreword", translated by Rabbi Maurice J. Bloom, New York: Philosophical Library, 1958, p. 8; "Fourth Letter", p. 25; "Fourth Letter", p. 27; "Fifth Letter", p. 33; "Sixth Letter", p. 39; "Sixth Letter", p. 40; "Eighth Letter", p. 55; "Eighth Letter", p. 56; "Eighth Letter", p. 57; "Twelfth Letter", p. 78; "Twelfth Letter", p. 79; "Twelfth Letter", p. 80; "Twelfth Letter", p. 84; "Twelfth Letter", p. 85; "Twelfth Letter", p. 87.

　　② Moses Hess, *Rome and Jerusalem*, "Fourth Letter", translated by Rabbi Maurice J. Bloom, p. 29.

　　③ Moses Hess, *Rome and Jerusalem*, "Fourth Letter", translated by Rabbi Maurice J. Bloom, p. 27.

　　赫斯进一步地反问道："你认为,我们犹太贤哲的教导和命令都是愚蠢的人造之物,那么,恳请你告诉我,如果他们不为自己的宗教建立起一种保护性作用的围栏的话,那么,犹太教和犹太人将会变成什么样子? 它们能等到犹太国家复兴的那一天吗? 它们能存续 1800 年吗? 它们能抵得住基督教和伊斯兰文明的渗透吗? 它们能不从地球上消失吗? 他们还可以在驱逐出祖先故地之后仍然能创造出自己的生活和找到自己的生存之地吗?"①

　　退一步来说,即使那些启蒙化的犹太人——对于这些犹太人,赫斯有时称呼他们为进步的犹太人或者先进的犹太人,有时称呼他们为现代的犹太人或者新式的犹太人——费尽心机地去除自己所有的犹太性,甚至更换自己的姓氏和改变自己的信仰,德国人就会降低自己对犹太人的仇视程度吗? 德国人极端仇视犹太人的心理就会消除吗? 恰恰相反,这种做法只会加深德国人对犹太人的怀疑,丝毫无助于犹太人问题的解决。

　　因此,赫斯疾呼,如果犹太人的解放与犹太民族主义的确水火不容,那么,犹太人就必须选择牺牲解放。② 犹太人必须要有爱国主义精神,这是一种自发而非造作的感情。没有爱国主义精神的犹太人就不是犹太人。

　　此外,启蒙运动的背后所秉持的是一种普遍主义和理性主义的哲学理念,它忽视了作为个体的特殊性,完全没有看到理性也有其自己的限度。以至于启蒙哲人只知"一元",不知"多元",只知"单一",

① Moses Hess, *Rome and Jerusalem*, "Eighth Letter", translated by Meyer Waxman, New York: Bloch Publishing Company, 1943, p. 111.

② Moses Hess, *Rome and Jerusalem*, "Fourth Letter", translated by Rabbi Maurice J. Bloom, p. 27.

不知"多样"，只知"一致"，不知"差异"，只知"自我"，不知"他者"，因而自私、狭隘、傲慢、专断、自以为是、党同伐异。① 最终，启蒙运动使多样性、差异性和个性丧失了应有的立足之地，让世界沦为彻头彻尾的虚无主义窠臼。因此，对于犹太民族来说，启蒙会让犹太民族消融在其他民族之中，从而造成犹太民族丧失自身民族性的可悲后果。

　　同时，启蒙和传统之间也存在着难以消解的张力，可以说，启蒙的大行其道必然会以传统的消解为代价，我们很难找到启蒙观念与传统观念并行不悖的社会存在，启蒙或多或少都会造成传统观念的灭亡、更替或者混乱。赫斯就说道，为了让所谓的启蒙之光照进犹太教而同时又不毁坏犹太教最内在的本质、信仰和神圣生活方式的那些人，他们一直以来都渴望能够成功地碾碎拉比派（Rabbinism）给犹太教镶嵌上的那层坚硬的外壳，但是，到现在为止，没有任何人能够办到，即使连行家里手的门德尔松也不例外。②

　　即使是谬误、虚妄和迷信，它们本身其实也是传统的一部分，一旦这些东西全都被铲除，犹太人赖以存在的观念世界也必将分崩离析。一个完全客观、理性和中立的"真空人"是不可能存在的，人都存在某种或大或小的偏见，这种偏见实际上有可能是支撑一个族群或者民族的重要标识。在清除这些所谓的陋习的名义下，启蒙观念的胜出无疑会造成自身身份的迷惑，乃至迷失。正是出于这种视角出发，以至于赫斯认为，"犹太教必然随着启蒙的展开而崩溃"。③ "现代启蒙运动的最大诱惑可能就是沉醉在一种迷梦之中，而这种迷梦就

---

① 季广茂：《反启蒙与现代西方思想进程》，高等教育出版社 2016 年版，第 66 页。
② Moses Hess，*Rome and Jerusalem*，"Fifth Letter"，translated by Rabbi Maurice J. Bloom，p. 37.
③ Moses Hess，*Rome and Jerusalem*，"Seventh Letter"，translated by Rabbi Maurice J. Bloom，p. 50.

是整个犹太民族可以借助虚弱的人道主义来远离犹太教，这很可能导致犹太教的灭亡。"①在那些接受了启蒙观念的犹太人看来，犹太教实在没有存续的理由，它只会妨碍自身地位的提升和融入到当地的主流文化当中，他们只希望犹太教尽快解体，这样的话，他们就不会因为自身的犹太身份而遭受事业上的阻碍，从而实现自己的飞黄腾达。

二、 赫斯对犹太改革派的批判

在近代以来的话语体系中，无论中外，改革话语似乎都是一个寄托了殷切希望的好词。不管他们是支持改革也好，反对改革也罢，他们都会祭出改革来做挡箭牌。一些改革也确实充满了各种悖谬，明明是行一己之私，但却非要进行一番装扮。在实际的生活中，很多改革不但不能解决问题，相反，它还会把问题进一步复杂化和难解化。在启蒙运动，尤其是在拿破仑解放战争的刺激和影响下，犹太人也响起了各种改革的呼声。启蒙运动强调人的平等和自由，这对备受歧视和遭受诸多限制的犹太人而言无疑具有巨大的吸引力；而且，拿破仑的解放战争将平等与自由的启蒙价值观进一步现实化，法国占领下的所有犹太人都拥有了与其他民族一样的平等公民权，犹太人一下子实现了自己一直都梦寐以求的东西。闸门就此打开，他们再也无法心平气静地回到以前的生活了。

面对时代的这种巨变，犹太人内部原有的生活被打破了，犹太人

---

① Moses Hess, *Rome and Jerusalem*, "Twelfth Letter", translated by Rabbi Maurice J. Bloom, p. 80.

内部因而也充满了各种声音。出于适应这种巨变生活的需要,以及在犹太启蒙派的强烈呼吁下,一些犹太人提出了对犹太教进行改革或者革新的主张,由此拉开了改革的大门。事实上,启蒙运动的一个重要内容就是试图建立适应新兴犹太中产阶级需要的"开明"犹太教,因而其必然导致一场改革传统犹太教的宗教改革运动。① 可以说,犹太启蒙的进一步延伸就是犹太改革,犹太改革是犹太启蒙的必然进程和必然结果。

　　犹太改革派认为,作为犹太文化核心的犹太教已难以适应现代生活,因此,他们要清除自中世纪以来弥漫于犹太教中的谬误、虚妄及非理性,以重塑犹太教信仰。在犹太改革派看来,他们需要对犹太宗教、犹太政治和犹太教育等方面进行重新阐释,以向主流社会展示出一个理性、宽容和具有时代精神的新犹太教。他们认为,传统的拉比犹太教过度强调经典和律法的神圣性,因而保留了众多不合时宜的律法和陈规陋习,例如,教籍的革除、拉比的特权以及对《塔木德》诡辩式的解读方式等等。这不仅背离了犹太宗教的精神,而且也招致了主流社会的种种误解和非议。因此,他们认为,要适应现代生活和现代世界,作为犹太文化核心的犹太教的改革就在所难免,他们希望清除自中世纪以来弥漫于犹太教中的种种谬误、虚妄及非理性,以重塑犹太教信仰,并把犹太教改造成一种开明宗教。

　　然而,面对这种犹太改革的潮流,赫斯却予以了坚决反对。赫斯认为,对犹太教的改革非但不能解决犹太人的问题,相反,它只会让犹太人走进死胡同。对犹太教的改革无疑是在启蒙的大词下被动作出的一种反应,这种改革是对现实的让步和妥协,不是真正出于犹太

---

　　① 潘光、陈超南、余建华:《犹太文明》,福建教育出版社 2008 年版,第 186 页。

教自身体系的回归和呼应。启蒙价值观所主导的改革就一定能关照犹太人的真正需要吗？这种改革难道不是中了启蒙的毒？赫斯清楚地看到了犹太教改革派所存在的巨大危险，[1]赫斯甚至直言不讳地指出，"改革只会引起背教的恶果。"[2]

赫斯进一步地说道："犹太人的危机只来自于那些犹太教改革者，他们用新发明的仪式与陈腐的修辞吸干了犹太教最后的精华，结果只留下了虚幻的空壳。它既不能增进现代犹太人的学识，也不能满足犹太人更为有序与更为美妙的信仰需求。他们所培育出的宗教改革思想是对犹太教的民族特性的一种严重扭曲。他们的改革只有一个消极目标——如果说他们有目标的话——那就是深切地怀疑犹太宗教对民族构建的作用。毫无疑问，这些改革只是一种对犹太教的冷漠举动，也是一种对犹太教的背教行径。"[3]虽然那些犹太启蒙派——诸如门德尔松——只是希望改革在他们看来的犹太教那些不合时宜的"陈规陋习"，他们也并不希望摧毁犹太教；但是，"事实上，同基督教一样，犹太教必然会随着启蒙的展开而崩溃。"[4]赫斯称这些犹太改革派是一群"虚无主义者"（nihilism），[5]他们对犹太教毫无敬

① Julius H. Schoeps, *Pioneers of Zionism: Hess, Pinsker, Rülf*, Berlin/Boston: Walter de Gruyter GmbH, 2013, p. 18.

② Moses Hess, *Rome and Jerusalem*, translated by Rabbi Maurice J. Bloom, "Twelfth Letter", p. 82; Moses Hess, *Rome and Jerusalem*, "Twelfth Letter", translated by Meyer Waxman, New York: Bloch Publishing Company, 1943, p. 166. 同时参见 Ken Koltun-Fromm, *Moses Hess and Modern Jewish Identity*, Bloomington:Indiana University Press,2001,p. 92.

③ Moses Hess, *Rome and Jerusalem*, "Seventh Letter", translated by Rabbi Maurice J. Bloom, p. 49.

④ Moses Hess, *Rome and Jerusalem*, "Seventh Letter", translated by Rabbi Maurice J. Bloom, p. 50.

⑤ Julius H. Schoeps, *Pioneers of Zionism: Hess, Pinsker, Rülf*, p. 18.

意,他们只会以自己的利益为衡量标准而对犹太教进行改革,他们最后无疑会变成"犹太教的毁灭者"(the destroyers of Judaism),①结果最终只会事与愿违。因此,赫斯认为,犹太改革派必须为当时所发生的这一切错误事情负责。② 实际的情况与赫斯的判断如出一辙,大批深受犹太启蒙和犹太改革思想影响的犹太人纷纷脱离了犹太教,犹太改革运动的深入发展必然为犹太人自身创造掘墓人。

实际上,即使犹太人进行了改革,犹太人也得不到一个好的结果,其他民族对犹太人的偏见和压迫依然不会消失,社会生活的大门依然会向犹太人紧闭。赫斯因而就说道:"没有哪种'激进'(radical)改革(之所以这么称呼,可能是因为它试图把犹太教连根拔起)、没有哪种洗礼、没有哪种教育,也没有哪种解放,能够完全开启德国犹太人社会生活的大门。"③

赫斯进一步地论述道:"因此,他们急切地否认自己的犹太血统。更改姓氏是他们实现这个目的的最好方法,因为,一个全新的姓氏至少看来去会更'现代化'(modernize)。"④"德国犹太人只想扔掉所有同犹太性有关的东西,彻底否认自己的犹太民族身份。对于进步的德国犹太人而言,犹太宗教的改革都是不够彻底的。但是,所有的努力都是徒劳的。甚至连洗礼本身也不能把他从憎恨犹太人的情绪中拯救出来。"⑤

---

① Julius H. Schoeps, *Pioneers of Zionism: Hess, Pinsker, Rülf*, p. 29.

② Julius H. Schoeps, *Pioneers of Zionism: Hess, Pinsker, Rülf*, p. 18.

③ Moses Hess, *Rome and Jerusalem*, "Fourth Letter", translated by Rabbi Maurice J. Bloom, pp. 25 - 26.

④ Moses Hess, *Rome and Jerusalem*, "Fourth Letter", translated by Rabbi Maurice J. Bloom, p. 26.

⑤ Moses Hess, *Rome and Jerusalem*, "Fourth Letter", translated by Rabbi Maurice J. Bloom, p. 25.

　　然而,赫斯并不是一味地反对所有的改革,相反,赫斯也主张改革,只是赫斯的改革与改革派所主张的改革大为不同。赫斯所主张的改革是回到原初意义上的犹太教的那种改革,而不是对当下的犹太教进行种种花里胡哨的改革。与其说赫斯所主张的是对犹太教的改革,不如说他主张的是对犹太教和犹太传统的回归。只有回到先祖的传统,犹太教才会不被其他宗教所击垮或者同化。① 因此,赫斯满含深情地说道:"因而,我也会坚持'改革'(reforms)。但是,古代的习俗和习惯不应该作任何的改革,希伯来语祈祷辞也不应该缩短或者用德语译本来诵读。最后,安息日和节日也不应该取消或者推迟到星期日。领唱者(Hazan)和歌咏者不应该只是毫无灵魂的歌唱工具。祈祷辞和赞美诗应该由虔诚的大人和小孩一遍遍地进行诵读和传唱,他们不仅精通音乐,而且还精通宗教知识。祈祷房不是戏院,领唱者、歌咏者和祈祷者不应该是一群滑稽的喜剧演员。"② 赫斯所主张的改革更像是一种原教旨主义性质的改革。

　　赫斯认为,如果犹太人遵守了上述规定,犹太社区将会安享和谐,每一个犹太人(不管他持什么样的观念)的信仰都将会得到更好的满足。无系统的改革只会以无意义的虚无主义而收场,除了带来一系列的精神颓势和年轻一代对犹太教的疏离之外,毫无其

---

　　① 事实上,犹太人向来都强调遵守传统的重要性,犹太著名历史学家约瑟夫斯在为犹太教辩护时就说道,其他民族认为不遵守祖先的习俗是正确的,这证明由于他们善于"与时俱进"而敢于违反旧习俗。然而,我们民族却与他们恰恰相反,我们认为我们拥有的唯一的智慧和美德就是在行动与思想方面都不要违反我们祖先的律法。原因在于我们祖先的律法已经制定得极其完备和良善,这样的律法不需要作任何的修改。参见约瑟夫斯:《驳希腊人》,杨之涵译,华东师范大学出版社 2016 年版,第 147 页。

　　② Moses Hess, *Rome and Jerusalem*,"Seventh Letter", translated by Rabbi Maurice J. Bloom, pp. 51 – 52.

他意义。①

三、 赫斯对犹太同化派的批判

犹太启蒙和犹太改革向前发展的结果就是犹太人的同化。因为,这些犹太启蒙论者和犹太改革论者不断地批评犹太教和犹太传统,竭力地根除他们认为弥漫在犹太教中的种种谬误、迷信和虚妄,向主流社会展示一个理性、现代和宽容的犹太教,从而让自己更加融入到寄居国的社会生活之中。在他们看来,所有不合时宜的律法和陋习都必须彻底铲除和革新,犹太人必须从摒弃过重的宗教生活、接纳世俗生活和推崇现代生活方式,只有这样,犹太人才能获得新生。

这种启蒙和革新做派无疑会让众多的犹太人对自己的犹太教信仰产生怀疑,习俗和传统本身就是信仰的一部分,事实上,犹太启蒙论者和犹太改革论者也很难确定究竟哪些律法和习俗是不合时宜的,判断的标准本身就很难进行界定。不要说普通的犹太人,就连那些犹太启蒙运动的领导者们自身也争论不休。历史已经证明,众多的犹太启蒙派和改革派后来大多都无一例外地成为了犹太同化派,这在德国和法国尤其严重。犹太启蒙运动的奠基者门德尔松就是最好的例子,尽管门德尔松毫不掩饰自己对犹太教的信仰及对犹太教的维护,尽管他也不止一次地表明:"如果放弃祖先的律法是我们作为平等公民进入欧洲国家的唯一条件的话,那么我们理应放弃这种

---

① Moses Hess, *Rome and Jerusalem*, "Seventh Letter", translated by Meyer Waxman, New York: Bloch Publishing Company, 1943, pp. 100 - 101.

解放";①然而,在下一代中就很难保持对犹太教的这种信仰了。在门德尔松的六个子女中,就有三个改宗了基督教,在他去世不到一个世纪之内,他的所有直系后裔也相继改宗了基督教。②

　　这就是犹太人由犹太启蒙到犹太改革再到犹太同化的三部曲。这是一个环环相扣和层层递进的关系。一旦犹太人开启了犹太启蒙的进程,那么,接下来肯定就是犹太改革;一旦进入犹太改革,犹太人的同化也就不远了。这种过程是不可逆的,而且,这也被历史所证明。虽然在犹太启蒙派、犹太改革派和犹太同化派看来,这种结果是他们最喜欢看到的,他们念兹在兹的东西就是同化,进而融入到主流社会的上层生活之中。

　　然而,同化之路完全是不可行的。纵使犹太人即使迈向了同化之路,犹太人问题就真的彻底解决了吗? 犹太人同化了,德意志民族一直深入骨髓的种族偏见就会消失不见了吗? 因此,赫斯进一步地反问道,犹太民族不是已经与这些民族一起生活了两千多年了吗,但犹太民族与他们有机地融为一体了吗?③ "自门德尔松以来,德国犹太人不是努力地像德国人一样感觉和思考吗? 他们不是都在竭尽全力地向更为彻底的德国化方向发展吗? 他们不是在努力地抹去自身

---

① Mordecal M. Kaplan, *Judaism as a Civilization*: *Toward a Reconstruction of American Jewish Life*, New York: The Reconstructionist Press, 1960, p. 25; Paul Johnson, *A History of the Jews*, New York: Harper & Row, 1987, p. 30. 转引自张倩红、艾仁贵:《犹太文化》,人民出版社 2013 年版,第 157 页。

② 不光是门德尔松的子女,就连门德尔松的许多学生也改信了基督教。参见沃尔特·拉克:《犹太复国主义史》,徐方、阎瑞松译,上海三联书店 1996 年版,第 11 页;同时参见大卫·鲁达夫斯基:《近现代犹太宗教运动:解放与调整的历史》,傅有德等译,山东大学出版社 1996 年版,第 71 页。

③ Moses Hess, *Rome and Jerusalem*, "First Letter", translated by Rabbi Maurice J. Bloom, p. 13.

所有的民族痕迹吗？他们没有在'解放战争'（War of Liberation）中战斗吗？他们不是狂热的德国人（Germanomaniacs）和极度地憎恶法国人（Francophobians）吗？"①然而，这一切全都毫无用处，只会徒增笑料。"改变宗教信仰，抛弃传统都不能使犹太人变成德国人，就像狗不能变成猫一样。"②结果就是，甚至同化运动最激进的倡导者也承认，在可预见的未来，犹太人和德国人也仍然是疏远的。③"在他们的解放战争结束后，德国人不仅拒斥与他们一起抗击法国的犹太人，而且他们甚至用'咳咳'的呼喊声来进一步地迫害他们。"④如果同化之路行得通的话，在漫长的两千多历史中，犹太人问题早就不复存在了，但实际的情况却是，犹太人问题直到现在依然没有解决。无论他们如何挣扎，"外部世界仍认为他们是犹太人。"⑤犹太人身份是他们永远挥之不去的宿命。

赫斯进一步地论述道："只要犹太人继续否认自身的犹太民族性（但是，即是他否认了自己的犹太民族性，那么，他也不能同时否认自己的个体性存在），只要犹太人不愿意承认自己是那个受迫害的不幸民族，那么，他的难堪处境就会变得越来越难以忍受。为什么要自己欺骗自己呢？欧洲诸民族全都把在他们自己中间的犹太人视为一种

---

① Moses Hess, *Rome and Jerusalem*, "Fifth Letter", translated by Rabbi Maurice J. Bloom, p. 33.

② 沃尔特·拉克：《犹太复国主义史》，徐方、阎瑞松译，上海三联书店 1996 年版，第 36 页。

③ 沃尔特·拉克：《犹太复国主义史》，徐方、阎瑞松译，上海三联书店 1996 年版，第 36 页。

④ Moses Hess, *Rome and Jerusalem*, "Fifth Letter", translated by Rabbi Maurice J. Bloom, p. 33; Moses Hess, *Rome and Jerusalem*, "Fifth Letter", translated by Meyer Waxman, New York: Bloch Publishing Company, 1943, p. 111.

⑤ 沃尔特·拉克：《犹太复国主义史》，徐方、阎瑞松译，上海三联书店 1996 年版，第 23 页。

反常的存在。在这些国家中,我们仍然是陌生人;只要我们把'哪里过得好,哪里就是祖国'(*ubi bene ibi patria*)这个原则置于我们自己民族的伟大传统之上,他们也许会容忍我们,甚至也许会出于人道主义而解放我们,但是,他们永远也不会尊敬我们。然而,尽管经历了启蒙运动与解放运动,以至于文明国家里的那些宗教狂热分子或许不再会满怀仇恨地死咬我们犹太人不放了,但是,流散各地的犹太人即使否认了自身的犹太人身份,他们也从未赢得所在国的尊敬。或许,他可能会因为入籍而成为他们所在国的一名公民,但是,他却不可能让非犹太人彻底相信自己已经完全脱离了自己的民族。那些年老而又虔诚的犹太人宁愿自己受苦,也不愿意否认自身的犹太民族本性。现代犹太人(modern Jew)是可鄙的,因为,当命运之手重重地压在自己民族身上时,他们就否认起自身的犹太民族性来。"①

因此,犹太人的这种同化做法注定是枉费心机,也是徒劳无功的。内在的犹太人身份无时无刻不在折磨自己,纵使自己千方百计地想要忘记和抛却自身的犹太人身份,结果往往会适得其反。犹太人的身份是无论如何都抹杀不了的,它会在夜深人静时袭上你的心头,剧烈地折磨着你,这种侮辱和痛苦会伴随每一位犹太人。他们竭尽全力地把自己塑造得像其他人一样,但仍然得不到他们梦寐以求的承认,其结果是,他们成了不幸的人,并且患上了一种无法医治的精神分裂症而倍感痛苦。② 赫斯一针见血地指出:"人性和启蒙这样的美好词汇——他如此慷慨地使用这样的美好词汇不过是为了掩盖

---

① Moses Hess, *Rome and Jerusalem*, "Fifth Letter", translated by Meyer Waxman, New York: Bloch Publishing Company, 1943, p. 74.

② 沃尔特·拉克:《犹太复国主义史》,徐方、阎瑞松译,上海三联书店 1996 年版,第 63 页。

他对自己民族的反感而已——并不能有效地保护他,更不能使他免受公众舆论的严格评判。更换了自己的姓氏、信仰和习俗,戴上了一千副面具,隐藏了自己的真实身份,偷偷摸摸地穿梭在这个世界,通过这些努力,别人或许认不出你是一位犹太人;但是,每一个更换过自己姓氏的犹太人都会发现,对犹太姓氏的每一次侮辱实际上都在折磨着你,他们所受的这种痛苦甚至比那些誓死捍卫自己姓氏的犹太人所受的痛苦更为强烈。"①赫斯《罗马与耶路撒冷》一书的很大一部分都在致力于论证,在一个民族运动不断高涨的环境中,宗教解放层面的同化之路作为一种解决方案固有的徒劳无益性。②

四、 范式的转换:从宗教范式到民族范式

犹太启蒙派、改革派和同化派完全秉持一种个体性,而不是一种整体性的解决方案。他们的关注点和落脚点都是个体,而非整体。换言之,他们把犹太教和犹太人问题看成是一种个体性的个人问题,而不是整体性的民族问题,他们的最终目标是要实现作为个体的犹太人的解放。"它是从个人的角度而不是犹太人的类存在(*Gattungswesen*)的角度来看待这个问题的。"③他们这种只从个体的角度看待犹太教,而没有从民族的角度来看待犹太教的做法,完全忽

① Moses Hess, *Rome and Jerusalem*, "Fifth Letter", translated by Meyer Waxman, New York: Bloch Publishing Company, 1943, pp. 74 - 75.

② Shlomo Avineri, *The Making of Modern Zionism*, "Moses Hess: Socialism and Nationalism as a Critique of Bourgeois Society", New York: Basic Books, 1981, p. 43.

③ Shlomo Avineri, *The Making of Modern Zionism*, "Moses Hess: Socialism and Nationalism as a Critique of Bourgeois Society", p. 45.

视了犹太人是一个民族的事实。这最终只会造成这样一种结果,那就是,"犹太人作为个体有权享有所有的权利,但作为一个实体(entity),他们无权享有任何权利。"①通过与寄居国融为一体,享受寄居国法律所规定的所有个体权利或者公民权利,这是他们所信奉的自身阶级跃升的一条捷径。他们只关心他们自己的利益,只希望争取到与所在国的本土居民一样的平等权利,而丝毫不在意整个犹太民族的利益。因此,这种结果也正是他们所希望的(虽然在赫斯看来,他们念兹在兹的这种结果只是他们的一厢情愿,是根本不可能实现的)。

　　然而,赫斯却"把犹太教看作是一个民族(a nation),而且,他把犹太人问题看作是一个民族问题(a national problem),而不仅仅是一个平等权利和宗教少数派的解放的问题。"②赫斯认为,否认自己犹太民族身份的犹太人就是"自己民族、自己种族和自己家庭的叛徒"。③ 在赫斯看来,犹太人过去和现在都是一个民族,他们的宗教只是他们的民族精神的一种表现;在历史的发展进程中,对于犹太人来说,宗教只是一种民族生存的工具。④ 在这里我们可以清晰地看到,"赫斯在评价犹太教时使用的是民族的标准,而不是宗教的标准。"⑤因此,赫斯"衡量犹太教的未来的标准不是犹太教作为一种宗

① Shlomo Avineri, *The Making of Modern Zionism*, "Moses Hess: Socialism and Nationalism as a Critique of Bourgeois Society", pp. 45 - 46.

② Shlomo Avineri, *The Making of Modern Zionism*, "Moses Hess: Socialism and Nationalism as a Critique of Bourgeois Society", p. 42.

③ Ken Koltun-Fromm, *Moses Hess and Modern Jewish Identity*, p. 10.

④ Shlomo Avineri, *Moses Hess: Prophet of Communism and Zionism*, New York: New York University Press, 1985, p. 179.

⑤ Shlomo Avineri, *The Making of Modern Zionism*, "Moses Hess: Socialism and Nationalism as a Critique of Bourgeois Society", p. 40.

教(a religion)是否有未来,而是犹太教作为一个民族(a nation)是否有未来。"①然而,犹太启蒙派、改革派和同化派却忽视了犹太人是一个民族的事实,他们只从宗教层面来看待犹太教。② 我们由此可以看到,赫斯并不是基于宗教自由化层面和个人解放的理由来看待犹太教问题,也不是基于宗教自由化层面和个人解放的理由来反对犹太启蒙派、改革派和同化派,而是赫斯深刻地认识到犹太启蒙、改革和同化必然会造成犹太民族历史意识的瓦解。

赫斯由此彻底转换了对犹太人问题的理论视角和思想范式,他没有像前人那样把犹太人问题看成是一种宗教问题,进而也没有像前人那样把它看成是一种个体性的解放问题,而是把它看成一种民族问题。这种思想范式的转换是赫斯与其前人的根本性差别所在。于是,赫斯彻底开辟了一条与前人完全不同的道路。如果犹太人是一个民族,那么,一个以宗教宽容为目标的个体性解决方案就根本不能解决他们的存续问题。因此,如果犹太人问题是一个民族问题,那么,犹太启蒙派、改革派和同化派就彻底失去了其理论根基。因为,他们所渴望的解放是基于公民社会的个人主义前提,即犹太人作为个人应该被赋予公民权利和政治权利。③ 但如果犹太人是一个民族,那么问题就不是个人权利的问题,而是集体性和共同体存续的问题。那种无法超越个人主义权利有限视野的手段无法保障这种存续。④因

---

① Shlomo Avineri, *The Making of Modern Zionism*, "Moses Hess: Socialism and Nationalism as a Critique of Bourgeois Society", p. 40.

② Ken Koltun-Fromm, *Moses Hess and Modern Jewish Identity*, p. 90;同时参见 Shlomo Avineri, *The Making of Modern Zionism*, "Moses Hess: Socialism and Nationalism as a Critique of Bourgeois Society", p. 40.

③ Shlomo Avineri, *Moses Hess: Prophet of Communism and Zionism*, p. 193.

④ Shlomo Avineri, *Moses Hess: Prophet of Communism and Zionism*, p. 193.

此,前人据此提出的解决方案根本就是行不通的,犹太人必须以犹太人问题是一个民族问题来予以重新审视,进而构筑一个全新的解决方案。

"赫斯是近代第一个从民族角度看待犹太教的作家之一,"①赫斯不仅提出了将犹太人民引向以色列土地的犹太复国主义解决方案,而且赫斯是以十九世纪民族解放运动的观念体系来看待犹太人问题的。②很明显,一旦赫斯从民族的角度看待犹太教,他最终就无法把那种个体性的解放(Emancipation)当作一个解决方案。只有当犹太教局限在一个宗教派别的范围内之时,个体性的解放才会是它的解决之道。③赫斯这种从民族范畴,而不是从宗教范畴和个体范畴来看待犹太人问题,由此拉开了犹太复国主义的序幕,④而这也正是赫斯的伟大之处和开创性意义所在,同时也是《罗马与耶路撒冷》一书之所以是一本"永恒之书"(books for all time),而不是一本"一时之书"(books of the hour)的原因所在。⑤后世的犹太复国主义者无非沿着赫斯所开创的这条道路继续前进而已,因此,西奥多·赫茨尔(Theodor Herzl)就赞扬说,"我们可以在他的著作中发现一切,"⑥而

① Shlomo Avineri, *The Making of Modern Zionism*,"Moses Hess:Socialism and Nationalism as a Critique of Bourgeois Society", p. 40.
② Shlomo Avineri, *The Making of Modern Zionism*,"Moses Hess:Socialism and Nationalism as a Critique of Bourgeois Society", p. 42.
③ Shlomo Avineri, *The Making of Modern Zionism*,"Moses Hess:Socialism and Nationalism as a Critique of Bourgeois Society", p. 42.
④ 宋立宏:《谁是"犹太人"——关于"Ioudaios"的札记》,《历史研究》2007年第2期。
⑤ Moses Hess, *Rome and Jerusalem:A Study in Jewish Nationalism*,"Translator's Introduction", translated by Meyer Waxman, New York:Bloch Publishing Company, 1943, p. 21.
⑥ Moses Hess, *Rome and Jerusalem*,"Rome and Jerusalem", translated by Rabbi Maurice J. Bloom, p. 5.

马丁·布伯(Martin Buber)则高度称赞道:"他不是犹太复国主义运动(Zionist Movement)的'先驱'(precursor),相反,他是犹太复国主义运动的创始人(initiator)。"①

五、 解决之道: 回到巴勒斯坦建国

赫斯深刻地认识到犹太启蒙派、改革派与同化派层层递进的发展进路,以及他们由此所带来的巨大恶果。在赫斯看来,他们无疑是犹太人的"特洛伊木马",他们从犹太人内部摧毁了犹太民族的根基。赫斯说道,他们出于功利主义的目的,急于得到外部世界的承认,以至于甘愿"成为模仿欧洲文明的猴子"(卢梭语),②最终造成了大批犹太人对犹太教信仰的背弃。因此,赫斯认为,犹太启蒙到犹太改革再到犹太同化完全是一条不归路,而且,对犹太民族而言,这条不归路具有一种釜底抽薪式的毁灭性。

既然犹太启蒙、犹太改革和犹太同化之路是一条走向自我毁灭之路,完全无助于犹太人问题的解决,那么,犹太人究竟该何去何从?对此,赫斯转换了思想的范式,他没有将犹太人问题看成是一个宗教问题,而是将其看成是一个民族问题。既然犹太人问题是一个民族问题,那么,赫斯提出的解决方案也就完全不同于犹太启蒙派、改革派和同化派。因此,赫斯提出了犹太人返回故土,并在巴勒斯坦建立犹太人自己独立国家的解决方案。犹太人需要建立一个属于自己的

---

① Moses Hess, *Rome and Jerusalem*, "Rome and Jerusalem", translated by Rabbi Maurice J. Bloom, p. 5.
② 张倩红:《困顿与再生: 犹太文化的现代化》,江苏人民出版社 2003 年版,第 77–78 页。

国家,这个国家是犹太人的精神中心,同时也是犹太人政治活动的基地。[1] 面对有增无减的欧洲反犹主义浪潮,彻底的解决之道就是建立犹太人自己的民族国家,寄希望于通过启蒙来清除其他民族的这种反犹主义情绪完全是痴心妄想。在犹太复国主义者看来,"反犹主义是鬼神恐惧的一种形式,一种缺乏理性的对陌生人的恐惧,这种恐惧因犹太人在任何地方都是客人、不是主人而加剧……因为犹太人被认为是没有自己祖国的、幽灵似的民族,犹太人在经济上的成功引起了人们的嫉妒和怨恨;而犹太人的软弱使他们成为流行的暴力侵害的理想的牺牲者。"[2]

因此,赫斯呼吁犹太人积极地投入到犹太民族的复兴和犹太国家的重建上来。只要他是犹太人,不管他是犹太启蒙派、改革派、同化派,还是正统派,在犹太复国主义的问题上,他都要为其呐喊助威和贡献力量,赫斯甚至说道:"每一个犹太人,甚至包括那些背教的犹太人,都要为以色列的重建和复兴负责。"[3]

犹太人只有建立属于犹太人自己的民族国家,犹太人才能没有后顾之忧,也才能免受其他民族的歧视和迫害。只有在这样的一个国度,犹太人才可以自由地呼吸和享受完全的自由,而无需隐瞒自己的犹太身份。[4] 在赫斯看来,让犹太人从整体性地融入社会,从而实

---

① 参见沃尔特·拉克:《犹太复国主义史》,徐方、阎瑞松译,上海三联书店1996年版,第63页。

② 罗伯特·M. 塞尔茨:《犹太的思想》,赵立行、冯玮译,上海三联书店1994年版,第675－676页。

③ Moses Hess, *Rome and Jerusalem*, "Twelfth Letter", translated by Rabbi Maurice J. Bloom, p. 82.

④ 沃尔特·拉克:《犹太复国主义史》,徐方、阎瑞松译,上海三联书店1996年版,第63页。

现犹太人的整体消亡,进而彻底解决犹太人问题,这种做法完全是不切实际的。犹太民族需要自己的祖国,也"需要一种作为国民的正常生活",①这是犹太民族赖以生存的需要和保障,因为"没有土地,人会堕落成为寄生虫,依靠别人为生。"②犹太人不能将自己的安全和希望寄托在其他民族的同情和善心和偏见消除上面,在反犹主义盛行,对犹太人普遍敌视与憎恨的情况下,这无异于一种自杀行径。虽然在法国大革命之后犹太人确实获得了极大的解放,但是,在 1848 年革命之后,欧洲众多国家对犹太人的种种反犹与限犹举措重新暗流涌动。1848 年革命是一个转折点,在这场革命之后,一股反动浪潮再次席卷欧洲,许多国家又重新恢复了对犹太人的种种限制措施。因此,犹太人如果将希望完全寄托在其他民族的良心发现上,那么,这无疑是火中取栗,只有通过犹太国家的重建,犹太人才能彻底根除这个问题。

此外,需要强调的是,与后世的犹太复国主义者赫茨尔不同——以赫茨尔为代表的政治犹太复国主义者认为,"只要获得土地和必要的权利,犹太民族国家可以在任何地方建立"③——赫斯不仅主张重建犹太民族的国家,而且,他还主张在犹太人祖先的故地耶路撒冷建立犹太人自己的国家。赫斯认为,巴勒斯坦是犹太民族的根源所在,

---

　① 沃尔特·拉克:《犹太复国主义史》,徐方、阎瑞松译,上海三联书店 1996 年版,第 61 页。

　② 沃尔特·拉克:《犹太复国主义史》,徐方、阎瑞松译,上海三联书店 1996 年版,第 61 页。

　③ 贾廷宾:《分歧与合流:犹太复国主义道路之争》,载宋立宏主编:《犹太流散中的表征与认同》,第 370 页。犹太复国主义运动可以主要分为政治犹太复国主义和文化犹太复国主义,前者以赫茨尔为代表,后者以阿哈德·哈姆为代表;前者主张为了实现犹太人复国的目标可以接受除巴勒斯坦以外的其他地方;后者则认为巴勒斯坦是犹太人复国之地的唯一选择。

留存着犹太人共同的民族记忆,①而犹太人作为一个民族,想要独立自主,就必须重返祖先的土地,在那里建立自己的家园。② 对此,我们从赫斯给自己的这部著作取名作"罗马与耶路撒冷",就可以清楚地看到赫斯的深刻用心。书名中的"耶路撒冷"非常明确地传达了赫斯的深刻用意,那就是回到耶路撒冷重建犹太民族国家;而"书名中的罗马既不是帝国的罗马,也不是教皇的罗马,而是朱塞佩·马志尼(Giuseppe Mazzini)和意大利民族主义的第三罗马(Roma terza)。"③因为,意大利的觉醒和马志尼领导的意大利民族主义运动赢得了赫斯深切的同情和热情的赞赏,也让赫斯意识到,"所有严重的民族问题中的最后一个问题,犹太人的问题,最终也必须加以解决。"④显然,意大利人要在自己的土地上建立自己的自由国家的愿望促使赫斯相信,犹太人也应该在自己的土地上建立自己的犹太国家。

赫斯对犹太人回到巴勒斯坦建国充满信心,他认为,这不仅是解决犹太人问题的根本之道,而且也必定会实现。赫斯坚信,一旦犹太人回到巴勒斯坦建国,那么,犹太人就必定会焕发勃勃生机,犹太人一直深受压抑的创造力必将会得到发挥,"犹太民族仍然保存了丰盈的生命种子,它就像埃及木乃伊坟墓里所发现的谷粒一样,尽管埋葬了数千年之久,但却从未丧失自己的生命动力。一旦种植到肥沃的土壤里面,空气、阳光充足,那么,它就会生根发

---

① 王雪:《摩西·赫斯论犹太人问题》,《世界宗教研究》2014 年第 6 期。

② 宋立宏:《谁是"犹太人"——关于"Ioudaios"的札记》,《历史研究》2007 年第 2 期。

③ Shlomo Avineri, *The Making of Modern Zionism*, "Moses Hess: Socialism and Nationalism as a Critique of Bourgeois Society", p. 41.

④ 以赛亚·伯林:《反潮流:观念史论文集》,"赫斯的生平与观点",冯克利译,译林出版社 2011 年版,第 279 页。

芽、结满果实。"①假如种子不死,就无虑花果凋零。犹太人一直都保存了自己旺盛的生命种子,只是没有属于自己的土壤而已;一旦它拥有自己的土地——犹太人的国家——那么,这就无异于如鱼得水,犹太人肯定就会立足于世界民族之林。赫斯将犹太人自己所复兴的犹太国家比喻作古希腊神话中的传奇巨人安泰俄斯(Antaeus),②他说道,"就像只有接触大地母亲才能拥有无穷力量的那位传奇巨人(the giant of legend)一样,犹太人的宗教天赋只有在民族的复兴中才能汲取新的力量,也只有在民族的复兴中先知们的圣灵才能重新焕发生机。"③赫斯对以色列的复国坚信不疑,而 1948 年以色列在巴勒斯坦的建国最终也让赫斯的梦想得以成真。

---

① Moses Hess, *Rome and Jerusalem*, "Fifth Letter", translated by Meyer Waxman, New York: Bloch Publishing Company, 1943, p. 77.

② 安泰俄斯是古希腊神话中的巨人,力大无穷,只要与大地接触,他就可以从他的大地母亲盖亚那里源源不断地获取无限的力量。

③ Moses Hess, *Rome and Jerusalem*, "Fifth Letter", translated by Meyer Waxman, New York: Bloch Publishing Company, 1943, p. 77.

译后记

1862 年,摩西·赫斯在德国的莱比锡(Leipzig)以德语出版了自己的《罗马与耶路撒冷》一书。对于赫斯的《罗马与耶路撒冷》这本书,英语世界有两个译本:一本是由迈耶·维克斯曼(Meyer Waxman)所译(简称维克斯曼译本)——维克斯曼译本由位于纽约的布洛赫出版公司(Bloch Publishing Company)首版于 1918 年,再版于 1943 年;一本则是由拉比莫里斯·布鲁姆(Rabbi Maurice J. Bloom)所译(简称布鲁姆译本)——布鲁姆译本由同样位于纽约的哲学丛书公司(Philosophical Library, Inc.)出版于 1958 年。维克斯曼译本的语言相对古朴典雅,布鲁姆译本的语言则相对复杂艰涩,但是,由于赫斯的语言本身就非常抽象晦涩,以至于这两个译本实际上都不易懂,难度也较大。

需要补充的是,在写给著名的犹太历史学家海因里希·格雷茨(Heinrich Graetz)的一封书信中,赫斯说道,他最初计划将这本著作的书名命名为《以色列的重生》(*Die Wiedergeburt Israels*, *The Rebirth of Israel*),后来在格雷茨的建议下,他最后将这本著作以《罗马与耶路撒冷:最后的民族问题》(*Rom und Jerusalem: Die letzte Nationalitätsfrafe*; *Rome and Jerusalem*: *The Last National Question*)为书名予以出版发行;这两个英译本都把赫斯所撰写的这本著作的书名英译作 *Rome and Jerusalem*（《罗马与耶路撒冷》），不过，较之于布鲁姆译本，维克斯曼译本的书名多了一个名为"关于犹太民族主义的一项研究"（A Study In Jewish Nationalism）的副标题。

早在 2015 年上半年，中译者在海拔三千七百米的拉萨工作时就根据布鲁姆译本完整地译出了这本书的初稿。随后不久，中译者无意中通过网络查询到复旦大学图书馆馆藏有维克斯曼译本（南京大学图书馆馆藏有布鲁姆译本），因此，在托朋友复印了这本书后，中译者根据维克斯曼译本对中译稿重新进行了校订。在校订的过程中，中译者惊奇地发现，这两个英译本都有对方译本所没有的段落或者句子。需要特别说明的是，由于布鲁姆译本没有作任何注释，因此，对于中译本所出现的注释，除了中译者以"中译按"的形式所标明的注释之外，其他所有注释都译自维克斯曼译本。

由于汉语世界对赫斯的研究较为不足和匮乏，因此，为了让方便读者能够更加全面地认识和理解赫斯其人及其《罗马与耶路撒冷》一书，借此次中译本出版之际，中译者花费了将近两个月的时间，再一次从头到尾并逐字逐句地对中译稿进行了认认真真地重新校订；同时，中译者还把维克斯曼译本所作的两篇英译者序言和一篇英译者导言（一万余字）也一并译出。此外，在 2019 年上半年，中译者查找和阅读了自己能够找到的有关赫斯的几乎所有中英文文献，并在此基础上撰写了两篇学术论文——这两篇学术论文的名称分别是《从社会主义到犹太复国主义——摩西·赫斯的思想嬗变》和《摩西·赫斯论犹太复国主义》——中译者将其中的前一篇论文用作了中译者导言，后一篇论文则以附录的形式放在了这部中译本著作的最后面。同时，中译者也将以色列著名学者什洛莫·阿维内利（Shlomo Avineri）——阿维内利是耶路撒冷希伯来大学的政治学教授

(Professor of Political Science)，同时也是研究马克思和赫斯的著名学者，国内已翻译和出版有阿维内利的学术著作《马克思的社会与政治思想》(张东辉译，知识产权出版社，2016），而且，阿维内利翻译和编辑了赫斯的第一部著作《人类的神圣历史》(Moses Hess, *The Holy History of Manking and Other Writings*, translated and edited with An Introduction by Shlomo Avineri, Cambridge：Cambridge University Press, 2004）——研究赫斯的一篇经典论文翻译成了中文，以飨读者。

在本书的中译过程中，中译者得到了众多师友的无私帮助。本书出现的一些希伯来语词汇，中译者请教了南京大学哲学系犹太所的孟振华教授，而本书注释中的几处法语，中译者请教了华东师范大学政治学系的林国华教授。本书的英译者导言和本书的注释中所出现的德语，则全部都由中译者在西南政法大学行政法学院 2010 级法理学专业的硕士同班同学，后荣获德国弗莱堡大学法学博士学位、现任教于暨南大学法学院的汤沛丰博士译出。此外，由于赫斯的语言过于深邃和晦涩，而且，这两个英译本中的一些段落和句子本身也译得太过佶屈聱牙，非常难以理解。因此，对于其中一些疑难段落或者疑难句子的译法问题，中译者与同为南京大学哲学系犹太所的张鋆良博士和复旦大学历史系的廖凌敏博士等同学友人一起进行了探讨和商榷。同时，对于中译过程中所遇到的一些疑难问题和不解之处，中译者也请教了导师宋立宏教授和林国基教授。对于他们以及前面所说的所有人的热情帮助，中译者在此一并深表感谢。然而，文责自负，对于中译本所出现的所有错误，全都由中译者全部自行承担和负责。

摩西·赫斯是德国社会主义之父，素有"共产主义拉比摩西"

(Rabbi Moses of the Communists)之美誉,同时,赫斯也是马克思走上共产主义道路的"引路人",而且,他也是马克思与恩格斯相识的中间人,马克思与恩格斯之间的伟大革命友谊正是由于赫斯而得以开启。《罗马与耶路撒冷》是摩西·赫斯最为重要的一部著作,这部著作在犹太复国主义史上,乃至犹太史上都是一部里程碑式的著作,它在学术史上占据有重要的地位,以至于没有人可以对它视而不见或者装聋作哑。《罗马与耶路撒冷》开启了犹太人轰轰烈烈的犹太复国主义运动,随之时间的推移,它越发地显得重要。确切地说,它是一部不会随着时间的流逝而淘汰的经典之作,正如维克斯曼所言,它不是一部"一时之书"(books of the hour),而是一部"永恒之书"(books for all time)。然而,本书的迻译却着实是一段异常艰辛的旅程,它耗费了中译者无比巨大的耐心和精力,其中甘苦,如鱼饮水,冷暖自知。尽管中译者严阵以待和全力以赴,但却丝毫不敢保证自己迻译得如大翻译家严复先生所说的"信、达、雅"要求;相反,由于赫斯的表达过于晦涩难懂,尽管本书的篇幅区区不到十万字,但中译者却仍然迻译得战战兢兢,如履薄冰。实际上,由于涉及众多的犹太学知识和一些斯宾诺莎哲学、黑格尔哲学、马克思主义以及赫斯本身所使用的语言的晦涩性,中译者在这些文字上所耗费的精力至少三倍于自己平时所迻译的其他同等字数的英语文字。在中译者迄今为止所译的六部中译本著作(总计 200 余万字)当中——另外两部尚未出版但即将出版的译著是美国著名历史学者埃利亚斯·比克尔曼(Elias Bickerman)的《犹太人与希腊化文明:从以斯拉到最后的马加比家族》(*From Ezra to the Last of the Maccabees*)(商务印书馆即出)和美国著名犹太学者路易斯·菲尔德曼(Louis H. Feldman)的《重读约瑟夫斯:约瑟夫斯其人其著及其意义》(*Flavius Josephus Revisited*;

the Man，His Writings and His Significance）（华夏出版社即出）——这部著作的迻译难度也是最大的——其难度甚至要远高于我所迻译的古希腊著名思想家兼史学家波利比乌斯（Polybius）的《通史》（上下册，上海三联书店，2021）和美国著名学者埃利亚斯·比克尔曼（Elias Bickerman）的《犹太人与希腊化文明：从以斯拉到最后的马加比家族》（商务印书馆，即出），而后者的晦涩、抽象和艰深程度早已声名在外——由此也可以窥见在迻译它时的抽象程度和辛苦程度。因此，对于本书所出现的各种纰漏和错误，敬请各位读者和方家不吝指正和告知，以便中译者及时进行更正，中译者的电子邮箱是yangzhihan2008@163.com，是为译后记。

2018 年 12 月初稿于南京大学哲学系犹太所

2024 年 4 月终稿于福建农林大学公共管理与法学院

图书在版编目(CIP)数据

罗马与耶路撒冷/(德)摩西·赫斯著;杨之涵译. 一上海:
上海三联书店,2025.6
ISBN 978 - 7 - 5426 - 8510 - 0

Ⅰ.①罗⋯ Ⅱ.①摩⋯②杨⋯ Ⅲ.①罗马帝国-历史
②耶路撒冷-历史 Ⅳ.①K126②K382

中国国家版本馆 CIP 数据核字(2024)第 090813 号

罗马与耶路撒冷

著　　者 / [德]摩西·赫斯(Moses Hess)
译　　者 / 杨之涵

责任编辑 / 徐建新
装帧设计 / 一本好书
监　　制 / 姚　军
责任校对 / 王凌霄　张　瑞

出版发行 / 上海三联书店
　　　　　 (200041)中国上海市静安区威海路 755 号 30 楼
邮　　箱 / sdxsanlian@sina.com
联系电话 / 编辑部：021 - 22895517
　　　　　 发行部：021 - 22895559
印　　刷 / 上海盛通时代印刷有限公司

版　　次 / 2025 年 6 月第 1 版
印　　次 / 2025 年 6 月第 1 次印刷
开　　本 / 890mm×1240mm　1/32
字　　数 / 150 千字
印　　张 / 6.5
书　　号 / ISBN 978 - 7 - 5426 - 8510 - 0/K·783
定　　价 / 68.00 元

敬启读者,如发现本书有印装质量问题,请与印刷厂联系 021 - 37910000